DESCOBERTO NA TRADUÇÃO

COMO TRADUZIR, DIVULGAR E VENDER SEUS
LIVROS EM IDIOMAS ESTRANGEIROS GANHE
MAIS DINHEIRO ENCONTRE NOVOS LEITORES

S C SCOTT

Translated by
ALESSANDRA GUETTI

CREATIVE MINDS MEDIA

Descoberto Na Tradução: Como Traduzir, Divulgar e Vender Seus Livros em Idiomas Estrangeiros

Publicado por *Creative Minds Media*

ISBN (Livro digital): 978-1988272-68-9

ISBN (Livro impresso): 978-1-988272-69-6

DESCOBERTO NA TRADUÇÃO

Como traduzir, divulgar e vender
seus livros em idiomas estrangeiros
Ganhe Mais Dinheiro
Encontre Novos Leitores

Manual de Redação do Autor - Livro i

Preparar, Apontar, Traduzir!
A corrida pelo ouro no negócio da editoração independente não acabou...

Na verdade, está apenas começando em mercados que não são de língua inglesa. Encontre novos leitores, novos mercados e ganhe mais dinheiro traduzindo seus livros para outros idiomas. É mais fácil do que você pensa!

Aprenda a:

- Identificar mercados globais em alta para o seu gênero;
- Encontrar os melhores tradutores;
- Traduzir seus livros sem investimento inicial;
- Proteger e usufruir de seus direitos;
- Gerar múltiplas fontes de rendimento com seus livros;
- Ganhar novos leitores, alcançar novos mercados e ganhar mais dinheiro!

Após ler este livro, desejará ter começado mais cedo... mas nunca é tarde demais! Na verdade, nunca houve um momento mais propício para encontrar novos mercados, cativar novos leitores e ganhar mais dinheiro!

1

O PANORAMA DA TRADUÇÃO LITERÁRIA

Introdução

Bem-vindo ao maravilhoso mundo da tradução literária. Hoje em dia, está mais fácil do que nunca compartilhar seus livros com leitores no mundo todo.

Escrevi este livro para autores como você, que desejam explorar novos mercados e aumentar as vendas e os leitores. Há muitos anos, quando pesquisei sobre traduções e direitos estrangeiros alternativos, não encontrei muitas informações em lugar algum. Obtinha minhas respostas por tentativa e erro e a pouca informação que encontrava, geralmente, estava desatualizada. Com certeza, não estava direcionada a autores independentes do século 21.

Mantive este livro o mais objetivo possível, para que você possa usá-lo como um guia para cada tópico à medida que progride em sua própria aventura de tradução. Suponho que você já tenha publicado seus livros de forma independente e, portanto, já possui experiência no assunto. Se não for este o caso, existem excelentes livros que abrangem as etapas editoriais e tópicos relacionados, por isso não reproduzi esta informação aqui.

Recomendo a leitura deste livro na íntegra, antes de iniciar seu projeto de tradução. Ter uma visão geral antes de começar o processo vai ajudá-lo a poupar tempo e esforço mais tarde. Este livro começa apresentando um panorama global antes de entrar em detalhes, porque acredito que esta seja a melhor forma para compreender os conceitos por trás de traduções bem-sucedidas. Espero que a leitura também inspire confiança. Sobretudo, quero poupá-lo dos erros que cometi no início. Após verificarmos o básico, faremos um mergulho profundo nos detalhes.

Não há necessidade de tomar notas. Qualquer dúvida que tiver no início será respondida nos capítulos seguintes, que fornecem todos os detalhes que você precisa para começar. Também há listas no final do livro, resumindo todos os pontos-chaves.

Está tudo se decidir ler o livro em uma ordem diferente, cada um aprende e absorve informação de forma distinta.

Obrigada por ler este livro. Espero que ache a informação útil.

Múltiplas Fontes de Renda

Como autores, tendemos a pensar em nossos livros como extensões de nós mesmos. E eles são extensões, no sentido de que criamos propriedade intelectual. Mas também são produtos que podem assumir muitas formas físicas. Quando adquirir esta mentalidade, poderá se perguntar por que nunca considerou a tradução antes.

PENSE em cada livro como um ativo individual, no qual direitos de publicação de trabalhos derivativos podem ser criados. A maioria dos autores sonha em ter seus livros transformados em filmes ou séries de TV e muitos autores já produzem brochuras e audiolivros. A área que normalmente é ignorada é a tradução. Traduza para 09 idiomas adicionais e seu livro, de repente, se torna 10 livros. É como múltiplas fontes de renda em esteróides!

Mas, espere – fica ainda melhor!

Cada livro traduzido ainda pode ser transformado em outros produtos. Você também pode criar 09 novos audiolivros em cada um dos idiomas. De repente, seu romance não é apenas um livro digital, uma brochura ou um audiolivro no seu idioma. Quando você traduz para 09 idiomas adicionais, você tem (9+1) x 3 formatos = 30 produtos, em vez de apenas 03. Surpreendente, não é mesmo?

Talvez você já tenha chegado a esta conclusão, mas achou que as chances de obter sucesso eram poucas para a maioria dos autores, exceto para os mais bem-sucedidos. Embora seu livro deva ter pelo menos algum sucesso comercial para obter índices de venda decentes em outros mercados, existem muitos livros com grande potencial para traduções estrangeiras que não foram sucesso de vendas em seus idiomas originais. Seu livro pode ser um deles!

Tudo o que precisa fazer é encontrar tradutores, assinar contratos e aguardar o seu livro traduzido. É tão simples quanto parece... mas nem tanto. Você deve fazer um pouco de trabalho braçal para garantir que termine com um produto de qualidade. Seu nome como autor é a sua marca e o seu sucesso ou fracasso depende de uma excelente tradução.

Uma ótima tradução significa encontrar um tradutor talentoso, porque um tradutor ruim pode arruinar a sua reputação. No início, procurar e selecionar tradutores pode ser um processo demorado, mas o esforço vale a pena. Um bom tradutor pode abrir novos mercados e levar seus livros a um novo mundo de leitores que se deleitam com a leitura. Alguns podem até se tornar seus maiores fãs.

. . .

SE VOCÊ ESTÁ LENDO este livro, suponho que seja:

- Um autor independente procurando expandir-se em outros mercados;
- Um autor tradicional, que tem posse de seus direitos estrangeiros e gostaria de aprender a capitalizar com eles;
- Um autor novo ou estabelecido, que está procurando entender todas as opções, novos mercados potenciais e formas de alcançá-los.

TALVEZ SEU LIVRO seja um *best-seller* em seu idioma nativo ou você ainda está aumentando o seu público leitor. Independente da sua situação atual, é sempre bom explorar como você pode assumir o controle de sua carreira. E isso inclui crescer através da tradução para outros idiomas.

O problema é que você não sabe por onde começar. Ou se deveria começar? Às vezes, a tradução vale a pena financeiramente e outras vezes não. Por isso, é importante entender o seu potencial de ganho específico, assim como o investimento de tempo, o dinheiro e o esforço que precisará colocar nisso. Conhecer suas opções aumenta, drasticamente, suas chances de sucesso.

O objetivo deste livro é fornecer um panorama do mercado, o conhecimento e as ferramentas necessárias para avaliar as suas chances de sucesso em um mercado internacional. Mesmo que seus direitos estrangeiros já tenham sido contratados por um editor, é importante saber quais são as suas opções. Existem muitas alternativas para os seus livros atuais e para os seus futuros livros no corrente mundo editorial, que está em constante e rápida transformação.

Saber quais opções estão disponíveis para você pode ajudá-lo a orientar suas decisões no futuro. Se você já cedeu seus direitos de publicação para línguas estrangeiras, é provável que nunca tenha pensado muito sobre isso. No passado, os direitos estrangeiros eram considerados "dinheiro achado", pois os mercados eram inacessíveis para autores individuais. Ou talvez você seja um autor independente refletindo se deve vender ou manter seus direitos estrangeiros.

Seja qual for o caso, o idioma, a cultura e as barreiras físicas significavam que você não podia entrar em mercados estrangeiros por conta própria. Precisava de um agente e uma editora estrangeira interessada em publicar seu livro em um idioma estrangeiro e, mesmo assim, raramente era viável financeiramente. Tudo isso mudou.

A tecnologia tornou a publicação global independente possível fisicamente e viável economicamente. Há diversas formas de traduzir seu livro para múltiplos idiomas e o método que escolher pode fazer toda a diferença se seu livro gerará ou não lucro. É de extrema importância compreender as opções disponíveis para os seus livros já publicados, assim como para os livros que serão publicados no futuro.

Você pode até querer esses direitos revertidos de volta para você. De qualquer forma, o material neste livro dará a você uma visão maior sobre como capitalizar seus direitos de publicação em línguas estrangeiras no futuro. Conhecer todas as opções ajuda a tomar decisões conscientes. Não existe uma única resposta correta, somente a opção que funcione melhor para você.

Os tempos estão mudando

Há pouco tempo, a única forma de ter seus livros traduzidos para um idioma estrangeiro era através de um agente ou de uma editora. Você cedia seus direitos de publicação de traduções ao seu editor, que tentava vendê-los a um agente ou editora em outro país. Havia tantas pessoas envolvidas, cada um recebendo uma parte, que raramente resultava em alguma coisa, a não ser um retorno financeiro minúsculo para o autor.

Às vezes, os autores presumem que não há dinheiro envolvido em traduções, mas em geral, é simplesmente que o dinheiro está sendo dividido em muitas partes, com apenas uma pequena porcentagem realmente deixada para o autor no final da cadeia alimentar. Autores com acordos sobre direitos autorais estrangeiros, muitas vezes, veem o rendimento líquido sem qualquer contabilidade detalhada e podem até continuar sem saber os ganhos brutos de seus livros.

O processo é ainda mais complicado devido às barreiras linguísticas, à burocracia e à papelada. Muitos autores com traduções de suas obras quase nunca recebem alguma coisa, além de um pequeno adiantamento. Acrescente a isso um relatório de vendas escasso ou inexistente e, não é surpresa que muitos autores acreditam que as traduções não valem o seu tempo ou esforço.

A tecnologia mudou tudo. A Internet conecta tradutores e autores como nunca antes. Também temos relatórios automatizados, plataformas de venda on-line e sistemas de distribuição eficientes. Não precisamos mais de um intermediário para organizar o negócio e arrecadar uma parte. Você pode negociar diretamente com um tradutor e publicar o seu livro exatamente da mesma forma como fez com as versões em seu idioma de origem, porque os avanços tecnológicos removeram a maioria das barreiras.

A questão é que as coisas estão mudando rapidamente e mais oportunidades estão surgindo para autores a cada dia. É mais importante do que nunca garantir que suas decisões sejam tomadas com base em informações, independente do caminho que escolher. Eu, por exemplo, quero estar no topo da cadeia alimentar como criadora do trabalho. Você não?

Espero que este livro o ajude a evitar alguns dos meus erros de iniciante e ainda mais importante, que o ajude a capitalizar grandes valores por sua propriedade intelectual. Você tem potencial para ganhar muito mais dinheiro com seus livros traduzindo-os para outros idiomas.

Por que eu Traduzo

Eu escrevo mistérios e romances policiais sob um pseudônimo. Publico-os de forma independente em muitas plataformas de venda, incluindo as grandes, como Amazon, Apple iBooks, Barner & Noble, Google Play e Kobo, assim como alguns pequenos varejistas.

COMECEI A TRADUZIR meus livros há vários anos. Na época, havia muito pouca ou quase nenhuma informação disponível na Internet, então aprendi por tentativa e erro. Existem grandes oportunidades para autores com visão de futuro, mas envolve um pouco de trabalho. Ao compartilhar minha experiência com você, espero facilitar e simplificar o processo ao máximo e até mesmo estabelecer um caminho rápido para o sucesso.

Acredito em ter múltiplas fontes de rendimento ou colocar meus ovos em várias cestas, por assim dizer. Embora eu seja escritora em tempo integral, escrever não é minha única fonte de renda. Além dos ganhos com a escrita, também gerencio um pequeno negócio meio período e recebo renda passiva dos meus investimentos.

Como investidora, sei diversificar meus investimentos para reduzir o risco de um único investimento sair muito mal e eu perder tudo. Mas diversificação não é somente para ter segurança, é também para expô-lo a mais oportunidades. Sigo a mesma tática com os meus livros: faço investimentos estratégicos, me mantenho aberta a novas oportunidades e reduzo o risco sempre que possível.

Acredito em diversificação, não somente para reduzir o risco, mas para aumentar as oportunidades.

Além de escrever diversas séries e gêneros, existem outras formas para diversificar, como audiolivros, brochuras e livros de capa dura. Publicar em muitas plataformas de venda, em vez de ser exclusivo a uma única plataforma é outro modo para diversificar. Claro que existem argumentos contrários e alguns autores acreditam que aumentam seus rendimentos concentrando-se em uma plataforma exclusiva.

Você pode fazer as duas coisas. Talvez decida vender seus livros no seu idioma de origem exclusivamente no *Kindle Select* e vender amplamente as traduções do livro em idiomas estrangeiros. Existem muitas maneiras de expandir seu negócio de escritor e a tradução é uma das melhores formas de ampliar para novos mercados e capitalizar ainda mais com seus ativos literários.

Cada novo ativo literário que você tem, potencialmente expande seu público. Aumentar sua linha de produtos também aumenta sua renda, pelo menos em teoria. Seu trabalho precisa ser vendável, claro. Mas a comercialização em um idioma não garante que o livro seja popular em outras línguas, países ou regiões. Tanto o gosto para a ficção quanto para a não-ficção varia muito conforme o país, a região e o idioma, algo que você precisa considerar antes de decidir correr o risco. Mas o mercado está disponível, caso tenha um bom livro no gênero e idioma certo.

O romance é um gênero que parece ser bem popular em todos os lugares, mas esta ampla categoria tem muitos subgêneros e nichos menores, que variam muito em popularidade entre diferentes culturas, línguas e leitores. Se você escreve ficção científica ou fantasia, mistérios ou romances policiais há muitos mercados para você também.

Manter o Controle

A tecnologia possibilita que autores mantenham o controle de sua propriedade intelectual e alcancem mais pessoas hoje em dia que em qualquer outra época na história. Atualmente, muitos autores publicam diretamente em plataformas de varejo, como a Amazon, Apple e outras, contornando o caminho da publicação tradicional. Há poucos anos, editoras tradicionais eram as guardiãs da editoração e decidiam quem seria publicado e quando.

Alguns dos poucos escolhidos também tinham seus livros traduzidos para outros idiomas em "acordos de direitos autorais", onde a editora outorgava esses direitos em troca de uma porcentagem. No final, a maioria desses autores via muito pouco desse dinheiro.

Tudo isso mudou. Toda grande oportunidade também traz novas questões e armadilhas a serem consideradas. Algumas pessoas gostam do controle de ser participativos, enquanto outras preferem ter alguém que navegue por elas. A boa notícia é que você pode seguir qualquer caminho que funcione melhor para você. Este livro fornece as informações necessárias para tomar uma decisão consciente.

Nos últimos anos, traduzi meus livros para muitos idiomas com planos de traduzir ainda mais. Tenho sorte de o inglês ser meu idioma nativo, a primeira língua em que os livros digitais foram amplamente adotados em todo o mundo. Estou convencida de que o atual universo da publicação independente é apenas o começo. Há muitos mais mercados e leitores procurando livros escritos por autores como eu. É ótimo poder decidir quais livros eu quero vender e em quais mercados. Eu gosto da capacidade de tomar minhas próprias decisões e me adaptar rapidamente caso as condições de mercado mudem.

Mais Produtos para Vender

Você já escreveu o seu livro e tem um produto para vender. Por que não traduz seu livro para o máximo de idiomas possíveis. Cada idioma representa uma nova forma de rendimento. Tudo o que você precisa é de alguém para traduzi-lo para outra língua. Simples, certo?

Você pode achar que sim, mas...

A tradução, assim como a escrita, é uma arte. Se você já usou uma ferramenta de tradução automática, como o Google Tradutor e tem algum conhecimento tanto da língua fonte quanto da língua alvo, saberá que cada idioma possui nuanças que são facilmente, e frequentemente, perdidas na tradução.

A estrutura frasal, a conjugação verbal e os significados podem variar entre idiomas. Até mesmo no próprio idioma, significados e dialetos podem divergir. Como exemplo, podemos considerar o inglês americano e o inglês britânico ou o espanhol da Espanha e o espanhol da América do Sul. Diferenças sutis geralmente são entendidas entre regiões distintas, mas diferenças maiores podem não ser toleradas ou compreendidas. Mesmo que sejam entendidas, você não quer que o leitor perca o interesse na história devido a termos estranhos ou estrutura frasal pouco familiar. Você quer que a linguagem de seu livro flua no idioma estrangeiro da mesma forma que flui no idioma em que o escreveu.

De fato, seu tradutor está reescrevendo seu livro do início ao fim. Por isso, é importante se assegurar que encontre alguém que traduza não somente o significado das palavras, mas também o tom e o clima da história. Um mistério/romance policial traduzido deve manter o mesmo nível de suspense e tensão durante a leitura de um livro em seu idioma original.

Uma boa tradução vende muito mais livros do que uma tradução medíocre. Uma tradução ruim pode manchar sua reputação e prejudicar a venda de seus futuros livros. Felizmente, existem formas de garantir que você consiga uma boa tradução. Exploraremos isso em capítulos posteriores. Alguns sortudos encontrarão um tradutor tão talentoso que a versão traduzida poderá até ficar melhor que o texto original!

Fornecerei todas as informações que você precisa para encontrar tradutores de qualidade e levar seus livros a nível global. Agora, vamos começar!

2

POR QUE TRADUZIR? E PORQUE VOCÊ DEVERIA

H á muitas razões para traduzir seus livros para outros idiomas. Encontrará novos leitores. As pessoas que não falam ou leem em seu idioma nunca descobrirão seu trabalho, a menos que esteja escrito em uma língua que possam compreender. A tradução permite ultrapassar barreiras linguísticas e conectar-se com leitores que, de outra forma, nunca alcançaria.

A crença mais comum é que os livros já precisam ser sucesso de vendas para a tradução valer a pena e mesmo assim, ainda é um risco. Eu acho isso um exagero, mas seus livros precisam, pelo menos, ser populares dentro dos gêneros literários antes de você considerar explorar novos (e muitas vezes menores) mercados. Entretanto, um mercado menor não significa que as vendas serão menores para o seu livro. Muitas vezes, há menos concorrência e você pode cobrar valores mais altos, algo que a maioria das pessoas ignora quando analisa o valor dos seus direitos autorais estrangeiros. Mas você ainda precisa fazer uma análise crítica de seus livros ao considerar os mercados que deseja entrar. Este é um dos primeiros passos importantes a dar antes de continuar.

Livros que não vedem muito em seus idiomas originais podem se transformar em sucessos de venda em outras línguas. Esta é a exceção e não a norma, mas acontece com mais frequência do que você pensa. Com certeza, eu não recomendo a tradução de um livro que quase não vende. Muitas vezes, também não venderá em outros idiomas, pelas mesmas razões que no idioma original. Mas se você tem um livro bem escrito, com boas avaliações de leitores e níveis de venda descentes, há potencial para este livro vender bem em outros mercados. Há muitos exemplos de livros que fizeram exatamente isso.

Existem outras considerações além das vendas atuais. Os mercados variam muito conforme o idioma, o país e o gênero literário. Por exemplo, os mistérios são um gênero popular em inglês, mas não vendem bem em espanhol. O romance é o gênero mais popular em qualquer idioma e país, mas o sucesso em muitos subgêneros de romance varia muito por diversas razões de gosto e especificidades culturais.

Romances policiais e mistérios parecem ser mais populares no hemisfério norte. Talvez sejam os longos invernos? Finalmente, assim como a moda, as tendências vêm e vão. A melhor forma de verificar se a tradução vale a pena para você é estudar o mercado e as lojas no idioma alvo. Se houver livros semelhantes aos seus, então é provável que valha a pena.

Até o momento, a Amazon é a principal loja na maioria dos países de língua inglesa, embora a Kobo seja a loja número um no Canadá e também é popular na Austrália e na Nova Zelândia. Na América do Norte e no Reino Unido, tendemos a ver o mundo através dos óculos coloridos da Amazon, mas ela não é a loja predominante em muitos países. Na maioria dos países, a Amazon nem mesmo possui uma loja física. Na França, por exemplo, a Fnac.com é a livraria virtual mais popular, embora a Amazon chegue perto. A Itália tem muitas livrarias, como a Mondadori, mas a Amazon é muito conhecida.

Os livros traduzidos podem ter preços muito mais altos em

alguns idiomas em comparação com outros. Na maioria dos casos, é uma questão de oferta e demanda. O idioma inglês representa um mercado de livros digitais mais maduro e com maior oferta e variedade, também possui os menores preços e a maior concorrência. Muitos autores concentram-se somente nos mercados maiores, como os dos idiomas inglês e alemão, mas em alguns casos, poderiam conseguir mais lucro em outros mercados menos atendidos, onde seus livros se destacariam em meio a outros. Um livro popular no gênero certo pode ser vendido a US$9,99 ou mais, como um romance bem escrito. Eu prefiro ter 70% de US$9,99 que 30% de US$0,99. Preciso vender mais de 23 livros a US$0,99 centavos em comparação com um livro de US$9,99 para ganhar a mesma quantia em dinheiro.

Outra vantagem de traduções para idiomas estrangeiros é a visibilidade, se a língua alvo for a de um mercado com menos concorrência. É mais fácil conseguir ficar na lista dos mais vendidos em um mercado menos competitivo. Seu livro pode ser um candidato?

Verifique as listas dos livros mais vendidos nos idiomas que você está considerando, para ver se livros semelhantes aos seus são populares. A classificação de venda de um livro pode variar drasticamente de loja para loja em um mesmo país, então, lembre-se de verificar quais lojas são as mais populares em cada país e use essa informação como guia. Em seguida, veja quais gêneros literários vendem bem no local. O seu gênero é um deles? Se a resposta for afirmativa, a tradução pode ser um empreendimento que valha a pena.

Também é importante lembrar que um *best-seller* na Amazon do Brasil não é a mesma coisa que um *best-seller* na Amazon dos Estados Unidos em termos de volume de vendas. O mercado no Brasil é bem menor em termos de leitores e os preços de venda são mais baixos. Isso significa menos dinheiro para você.

Por outro lado, há menos livros em português do que livros

em inglês no site americano Amazon.com. Este volume menor de vendas significa que é necessário menos vendas para atingir a categoria de *best-seller*. Isso quer dizer maior visibilidade para você na loja e, a visibilidade por si só já possibilita mais vendas do livro.

Tudo isso foi para ilustrar que existem diversas variáveis em jogo. O que pode parecer ser um mercado muito pequeno pode ser lucrativo quando todos esses fatores são considerados, principalmente em um mercado em ascensão. Entretanto, não assuma que um *best-seller* brasileiro lhe permitirá ganhar milhares de dólares. Não permitirá. Pelo menos, ainda não.

Provavelmente, você sabe que o livro Os homens que não amavam as mulheres e outros livros de Stieg Larsson foram originalmente publicados em sueco. Venderam bem na Suécia, mas a tradução para o alemão passou despercebida. Então, traduziram para o inglês e as vendas dispararam na América do Norte, no Reino Unido e... a tradução em alemão na Alemanha. O catalisador foi a versão em inglês, que estimulou os leitores alemães a finalmente perceberem o livro no idioma alemão. Colocar seus livros em muitos mercados pode ter efeitos exponenciais. Talvez seu livro seja o próximo grande sucesso.

Passado, Presente e Futuro

Há alguns anos, a única forma de entrar em um mercado estrangeiro era através de um agente com direitos estrangeiros, normalmente pelo seu próprio editor. Então, você pagava uma porcentagem do seu adiantamento de publicação para línguas estrangeiras ao seu editor e ao seu agente estrangeiro. A ideia de pagar grandes comissões era aceitável, porque não havia outra alternativa. Havia muitos intermediários e cada um recebia uma parte. O resultado final era que a maioria dos autores nunca via um centavo além do pequeno adiantamento.

Muitos autores acham que traduções para idiomas estrangeiros não são lucrativas porque não ganharam dinheiro com elas. Mas elas são rentáveis para os intermediários, sua editora, a editora estrangeira e um ou dois agentes envolvidos. Se não dessem lucro, seu editor não insistiria em deter seus direitos de publicação para línguas estrangeiras quando você assina o contrato editorial.

Alguém está ganhando dinheiro e está na hora desse alguém ser você! Os tempos estão mudando e o paradigma também.

Antigamente, quando não existia Internet, nada disso era possível. Até pouco tempo, era difícil contornar as barreiras linguísticas. Também não existia algo como autopublicação. Tudo isso mudou e autoeditores hoje em dia têm diversas oportunidades outrora não disponíveis. A tecnologia derrubou barreiras e construiu plataformas que nos possibilitam alcançar mais leitores do que nunca.

Coisas simples, como o Google Tradutor nos permite traduzir línguas estrangeiras para o nosso próprio idioma de forma rápida e fácil. A tradução é bem literal, então não é exatamente boa, mas resolve o problema. Em um instante, com um simples clique do mouse em "Traduzir" podemos ter uma tradução adequada o suficiente para entender rapidamente o significado de um site, artigo ou texto. E caso esteja se perguntando, quero deixar bem claro que você NUNCA deve usar o Google Tradutor para traduzir seus livros! Não substitui, de forma alguma, um tradutor literário. Pelo menos, ainda não.

Cláusulas Tradicionais de Publicação e Direitos Estrangeiros

Seu contrato editorial atribui seus direitos autorais à editora pelo tempo de sua vida mais 70 anos após o seu falecimento, se seus livros foram publicados de forma tradicional. Toda a sua vida e talvez a vida de seus filhos também! Isso sempre me pareceu draconiano, mas é exatamente como funcionava. E ainda é. Porque se você vender seus direitos autorais estrangeiros através de seu editor, é provável que tenha clausulas semelhantes.

Embora esses termos não sejam os melhores, pelo menos não demandam esforço da sua parte. Mas o resultado tangível vale o custo da oportunidade que acabou de abdicar? Como você pode saber o que poderia ter acontecido? A contabilidade de direitos autorais é tão obscura que você talvez nunca saiba de quanto dinheiro desistiu, até considerar e comparar isso a novas opções que estão disponíveis hoje em dia.

Coloque o adiantamento à parte, se você vender o suficiente para merecer o adiantamento, recebe uma porcentagem da receita líquida da distribuição da editora. Geralmente é uma porcentagem pequena. Lembra-se de todos os intermediários? Eles sempre deduzem suas comissões e gastos antes do dinheiro chegar até você, o criador do livro. Isso significa bem menos dinheiro para você, o autor.

Uma das razões pelas quais muitos autores acreditam que as traduções não são lucrativas é porque eles nunca veem o dinheiro delas. Eles assumem que isso se deve a mercados menores ou a uma transição pobre de suas obras em outros idiomas. Algumas vezes isso é verdade, claro. Mas frequentemente, a razão principal é que a quantia remanescente deixada para os autores é escassa depois de todas as taxas dos intermediários serem pagas.

Existem vantagens claras nos acordos tradicionais. Você assina e esquece, deixa todas as preocupações editoriais e promocionais para outra pessoa. Você pode aumentar as oportunidades de venda de livros impressos com uma editora tradicional, porque eles podem distribuir seus livros em mais livrarias (pelo menos em teoria). Mas hoje em dia, autores auto-

publicados podem ter seus livros nos mesmos canais de distribuição e catálogos que autores tradicionalmente publicados.
Isso pode variar conforme o país, mas as barreiras estão rapidamente caindo. Eu acho que todas as vantagens que editoras
tradicionais têm sobre a publicação independente desapare-
cerão nos próximos 3 a 5 anos, no máximo.

Naturalmente, a maioria dos autores prefere escrever a lidar
com as complexidades de editoração e marketing. Se você tiver
sorte, recebe um cheque de vez em quando. E embora não
esteja consciente de que está deixando dinheiro para trás, há
outra desvantagem ao vender seus direitos: você perde o
controle e a visibilidade sobre as vendas. Entraremos em detalhes mais adiante.

Se seus livros foram publicados de forma tradicional, é
provável que você já tenha cedido os direitos autorais para
traduções para alguns ou todos os seus livros. A maioria dos
autores cede ao assinar o contrato editorial. Lembra-se do fator
multiplicador que mencionei antes, de 03 livros e 09 novos idiomas? Você realmente está renunciando a um grande potencial
de renda futuro quando cede esses direitos. Embora seja um
grande agrado ao ego assinar com uma editora, é ainda mais
emocionante ver o dinheiro acumular em sua conta bancária.
Conhecer suas opções pode ajudá-lo a aproveitar oportunidades futuras.

É uma boa ideia verificar seus contratos atuais para saber se
cedeu algum direito de publicação em línguas estrangeiras e
quais direitos ainda tem em seu controle. Então saberá quais
livros poderá traduzir.

Muitas vezes, a terminologia jurídica pode ser confusa. E
também varia conforme o país, então é sempre bom revisar
qualquer contrato com um advogado antes de assinar. Embora
seu editor e agente possam ser ótimas pessoas, eles têm interesses próprios no contrato, além dos seus interesses. E ainda
que os agentes possuam muita experiência em editoração, não

são especialistas jurídicos. A opinião de um advogado pode parecer cara a princípio, mas provavelmente você economizará ou ganhará mais dinheiro em longo prazo.

Aviso: Não sou advogada e isso não é um aconselhamento jurídico. Apenas acredito que manter o controle de sua propriedade intelectual é sempre um bom negócio. Como diz o ditado, o diabo está nos pormenores.

Se você já assinou um contrato, precisa determinar se vendeu ou cedeu os direitos autorais. Esta distinção é muito importante. Se você vendeu seus direitos, seu contrato pode ter termos especificando o direito de copiar, distribuir, armazenar etc. É muito provável que você tenha concedido esses direitos à editora para serem explorados. Se for este o caso, você pode ter renunciado aos direitos autorais para traduções de seu livro.

Hoje em dia, é mais comum licenciar seus direitos autorais. Neste caso, você atribui o direito à editora. Pode ser limitado em extensão e tempo. No entanto, os termos ainda podem ser amplos. Você cedeu os direitos autorais de livros digitais no seu idioma de origem ou direitos autorais exclusivos no mundo todo? É importante considerar se esta licença de direitos autorais é extensa ou reduzida no seu contrato em específico. É aqui que o aconselhamento jurídico, antes de assinar o contrato, pode realmente ser rentável em longo prazo.

Considere, também, se a editora tem a competência e a intenção em explorar esses direitos em seu nome. Caso contrário, você se beneficiará mais se mantê-los.

Em contratos futuros, é importante entender o que você está recebendo e o que está cedendo. Pergunte ao seu agente sobre os prós e os contras, mas lembre-se que o agente tem interesses próprios em você assinar com a editora, já que é assim que ele é remunerado e se sustenta. Você pode ou não ter um grande poder de negociação, mas é sempre bom estar bem informado. E como a editora quer o seu livro, é provável que você tenha mais influência sobre os termos do contrato do que imagina.

É uma boa prática negociar para dar à editora somente os direitos que eles provavelmente explorarão, em vez de direitos exclusivos. Se eles não fornecerem detalhes específicos sobre o que farão em relação a traduções e outros direitos, atribua direitos limitados. Reserve a você mesmo os direitos a todas as outras coisas, como a tradução.

Com tantas oportunidades hoje e em futuro próximo, você ou alguém que contrate pode, quase com certeza, rentabilizar os direitos autorais de forma mais eficaz. Os tempos estão mudando e você não será o primeiro autor a pedir mudanças no contrato de direitos de publicação em línguas estrangeiras do seu livro.

Uma alteração que você talvez queira considerar é limitar o prazo de validade do contrato. Assim, se não estiver satisfeito com os resultados, pode contratar outra editora quando o prazo de validade vencer ou gerenciar o processo de tradução você mesmo, seguindo os passos citados neste livro. Um prazo de validade mais curto fornece incentivo adicional para a editora promover seu livro desde o início.

Optando por ceder os direitos à editora ou escolhendo mantê-los para ganhar dinheiro por conta própria, tome uma decisão consciente. Só porque você não é famoso hoje, não quer dizer que nunca será. A J.K. Rowling assinou o contrato com uma editora para os direitos de publicação impressa, mas teve a sabedoria de manter os direitos autorais dos livros digitais e outros direitos subsidiários. Esta única decisão fez com que ela ganhasse dezenas, se não centenas de milhões de dólares.

A Carrie Fisher, de Guerra nas Estrelas, cedeu todos os seus direitos de publicação de trabalhos derivativos por uma pequena quantia (conforme o padrão hollywoodiano) e não recebeu mais nada pelos produtos criados sobre sua imagem.

Ela perdeu milhões de dólares. Certo, este exemplo é extremo, mas é sempre difícil prever o que pode tornar-se um sucesso de vendas no futuro. Algo similar pode acontecer com você e não tem como apagar a tinta da caneta no contrato que já assinou.

Depois de dizer tudo isso, se está lendo este livro, é provável que você já tenha pensando em ter mais controle sobre os direitos de publicação para línguas estrangeiras de seu livro. Há diversas formas de levar seu livro às mãos de leitores em terras estrangeiras enquanto mantém controle de sua propriedade intelectual.

Este livro foi escrito especialmente para autores independentes, por isso possui um enfoque "faça você mesmo", mas analisaremos todas as opções para que você possa tomar decisões conscientes.

Um Mundo de Oportunidades e Múltiplas Fontes de Rendimento

Além de ser autora, me vejo como qualquer outro empresário que procura formas de expandir seu negócio e ganhar mais dinheiro. Nossos livros são propriedades intelectuais que podem ser transformadas em inúmeros produtos novos e múltiplas fontes de rendimento. Sempre acreditei em diversificação e os novos mercados através da tradução encaixam-se perfeitamente neste modelo.

Também acredito naquele velho provérbio: "Sorte é aquilo que acontece quando a preparação encontra a oportunidade". Hoje é o momento perfeito para criar sua própria sorte, aprendendo sobre oportunidades surpreendentes que estão disponíveis para autores como você. A tecnologia nos deu todas as ferramentas para lucrarmos com a nossa propriedade intelectual de formas que eram impossíveis até agora.

Os livros digitais estão se tornando cada vez mais populares em outros idiomas e mercados. Algumas áreas de oportunidade são óbvias. A Alemanha, por exemplo, tem alta adoção de livros digitais, leitores ávidos e um número relativamente alto de leitores com renda extra para gastar dinheiro em livros. Outros idiomas e mercados atraentes não são tão óbvios.

Ao longo deste livro, eu uso os termos livros digitais e livros como sinônimos, embora, atualmente, livros digitais representem a maior parte dos livros vendidos por autores publicados de forma independente. Os livros digitais também têm menos barreiras de comercialização, distribuição e tecnologia para entrar em mercados estrangeiros. Possuem custos baixos, um risco menor para o leitor conhecer novos autores.

Cada vez mais pessoas estão lendo livros digitais, todos os dias, em seus leitores eletrônicos, celulares e tablets. Isto é especialmente verdadeiro em países em desenvolvimento, onde as restrições de oferta e distribuição tornam livros impressos muito caros para a maioria das pessoas. O negócio de livros digitais pode rapidamente se tornar a forma dominante de livros nestes mercados e fornecer grandes oportunidades para autores. Entretanto, eu sempre publico livros digitais e a versão impressa de todas as minhas traduções e recomendo que você faça o mesmo. As oportunidades de impressão e as barreiras de distribuição estão diminuindo o tempo todo e com a Internet, livros impressos estão a apenas um clique de distância dos leitores.

É importante estudar cada idioma e mercado para ganhar compreensão do potencial de retorno. No entanto, não é somente o número de falantes de um idioma em particular ou o mercado demográfico que precisa ser estudado. A consideração maior é o gosto do consumidor. A popularidade da leitura como uma escolha de entretenimento varia muito conforme o país, o idioma e a demografia. Por isso, é importante conhecer o mercado antes de embarcar no tempo e despesas de uma tradução. Existem grandes oportunidades, mas também armadilhas se não escolher corretamente.

A boa notícia é que é muito fácil avaliar áreas de crescimento potencial quando você sabe onde e como procurar. Este livro tem tudo o que você precisa para fazer acontecer. Nunca houve um melhor momento para ser um escritor e nunca houve um momento melhor para traduzir suas obras para outros idiomas.

3

MERCADOS GLOBAIS DE TRADUÇÃO
– ANÁLISE GERAL

Oportunidades de tradução variam muito conforme o idioma, o país e o gênero literário. A maturidade do mercado também desempenha um papel fundamental. Por exemplo, a adoção de livros digitais em mercados de língua inglesa nos Estados Unidos e no Reino Unido é mais madura que em mercados de outras línguas e países onde os livros digitais estão apenas começando.

A POPULARIDADE da leitura como forma de entretenimento também varia muito. A leitura não é tão popular em países árabes, por exemplo, principalmente nos países com baixas taxas de alfabetização. Leitores indianos preferem livros de não-ficção, em vez de ficção. Também existem muitos países com gostos mais conservadores ou mais liberais que ditam se um gênero literário fará muito ou pouco sucesso.

Isso significa que você deve estudar cuidadosamente os mercados por idioma e país e direcionar seus objetivos de tradução conforme o estudo. Vejamos a Alemanha, que é considerada o segundo maior mercado no que diz respeito ao idioma, após os Estados Unidos.

Que tipos de livros mais vendem na Alemanha? Considerando os 100 livros mais vendidos na Amazon.de, o romance domina os tops 100, seguido por romances policiais. Essa informação retrata uma época específica e as coisas estão sempre mudando, mas possibilita ter uma boa noção para verificar se seus livros estão entre os gêneros literários que mais atraem os leitores alemães.

Se você escreve algo mais especializado, como a história da guerra da secessão americana, suas possibilidades de sucesso devem ser maiores em um mercado como os Estados Unidos, onde este tópico é muito mais popular que em mercados de outros países.

Depois de determinar se o seu gênero literário se adequa ao mercado internacional, considere o potencial para o sucesso de seu livro em relação a outros livros semelhantes. Se seu livro não vende bem em seu idioma original, pense direito antes de pressupor que os resultados seriam melhores em uma segunda língua. Na verdade, podem até ser piores, se o mercado for menor.

Por outro lado, podem se sair melhor que os seus livros no idioma original. Por exemplo, se você escreve romance policial e encontra um mercado carente em dinamarquês, seus livros traduzidos podem ter uma vantagem competitiva ao se destacarem em um nicho do mercado.

É importante fazer escolhas conscientes para utilizar melhor o tempo e o dinheiro, tanto o seu quanto o do tradutor. Enquanto o tradutor faz a maior parte do trabalho, com certeza espera que o seu investimento de tempo valha a pena, principalmente se estiver trabalhando sob contrato com participação nos direitos autorais. E você, como o autor, gastará tempo contratando um bom tradutor, formatando e publicando o livro, obtendo novas capas e promovendo o livro traduzido. Você quer aumentar suas chances de sucesso e as primeiras considerações são os possíveis mercados onde o seu livro venderá.

Como Avaliar Mercados Potenciais

O método que utilizo é começar com os mercados maiores e verificar quais os gêneros literários que mais vendem. Se o gênero do meu livro for um deles, aprofundo minha pesquisa verificando detalhes como os subgêneros mais vendidos nas maiores plataformas de venda do país. Observe que a loja mais popular muitas vezes não é a Amazon em países que não sejam os Estados Unidos ou o Reino Unido e os gêneros que mais vendem também podem variar muito conforme a plataforma de venda.

Considero os mercados por país e não por idioma. Por exemplo, os Estados Unidos e o Reino Unido compartilham a mesma língua, mas têm preferências distintas em relação ao gênero literário. Espanha e México podem ou não compartilhar a mesma preferência por gênero, mas possuem diferenças regionais peculiares em termos de tradução e em preço. O mesmo livro em uma língua específica pode ser lucrativo em um país, mas não em outro.

Essa análise granular não é tão demorada quanto parece e gastar um pouco de tempo estudando cada mercado trará dividendos mais tarde, com relação a saber onde e quais traduções priorizar.

Hoje em dia, alguns dos maiores mercados editoriais são os dos Estados Unidos, China, Alemanha, Japão, Reino Unido e França. Há também outros países onde os livros digitais estão ganhando força, como a Itália. Mercados menores podem ser muito atrativos devido a preços mais altos e menor concorrência. Por exemplo, os leitores holandeses estão acostumados a pagar preços mais altos em livros digitais que os leitores americanos, porque é um mercado muito menor, com muito menos opções.

Alguns mercados, como a China, são enormes, mas os preços são muito mais baixos, normalmente cerca de 20% dos preços nos EUA. Também existem barreiras consideráveis e pontos limitados de entrada no mercado para autores independentes. Entretanto, na China, o que você perde em preço pode potencialmente ser compensado em volume de vendas com o livro certo.

Você quer escolher mercados com bons canais de distribuição já disponíveis para vender seus livros. Não faz sentido traduzir um livro para um mercado grande se você não tem com alcançar os leitores. Embora eu quisesse traduzir meus livros para todas as línguas possíveis, isso não é algo prático ou financeiramente viável.

Cada mercado tem suas próprias e únicas oportunidades e armadilhas. Mercados maduros, com maior adoção de livros digitais, geralmente significam preços mais baixos, maior concorrência e menor potencial de crescimento futuro. Uma entrada antecipada em um mercado menos maduro pode significar menos competição e menor sensibilidade ao preço, mas o crescimento pode ser lento ou não acontecer conforme previsto. Sempre há o risco de um mercado pequeno não crescer.

Por outro lado, a concorrência mais baixa oferece mais visibilidade, facilitando a criação de um público leitor. Os mercados menores normalmente podem suportar preços mais altos, algo que os autores muitas vezes ignoram ao avaliar seus direitos estrangeiros alternativos. O lado negativo disso é que alguns mercados grandes têm um número menor de leitores devido à cultura, o custo ou opções de entretenimento competitivas. Em vez de entrar em detalhes aqui, uma vez que tudo está em constante mutação, compartilharei meu método para escolher e priorizar os idiomas para tradução.

A Escolha de Mercados para Entrar

A maioria dos autores analisará os grandes mercados e os priorizará para traduções, sem considerar mercados e nichos menores, que podem de fato resultar em grandes rendimentos. Por exemplo, a maioria dos autores de língua inglesa olha para a Alemanha como se fosse o próximo mercado mais lucrativo para seus livros.

EU AVALIO UM POUCO DIFERENTE, dou maior ênfase a mercados com preços mais altos e menor concorrência, porque acredito que permitem maior possibilidade de sucesso e melhor potencial de ganhos em longo prazo. Os resultados podem variar, mas o objetivo é considerar muitas variáveis em vez de somente o tamanho do mercado. Também é importante estar bem atualizado para fazer escolhas lógicas e ponderadas, com base nas informações disponíveis neste momento.

O mercado americano, apesar dos preços de venda baixos, da taxa de crescimento estagnada e da alta competição, ainda é um dos melhores mercados para estar e pode até representar a melhor escolha do ponto de vista de rendimento. Mas persistirá?

Alguns dos melhores autores estão descobrindo que seus livros ficam no topo das listas dos mais vendidos por períodos mais curtos e os preços devem ser fixados mais baixos para alcançarem o mesmo volume de vendas de um ano atrás. Em geral, o mercado de língua inglesa está amadurecendo e está saturado de livros, visto que está mais fácil do que nunca publicar. Existem muitos outros mercados lucrativos que merecem ser explorados.

E quanto aos grandes mercados inexplorados, como o da China? Há muitos mercados menosprezados que podem tornar-se mais lucrativos nos próximos anos. Os autores mais bem sucedidos serão aqueles que entrarem primeiro nesses mercados. Mas com o desconhecido, há o perigo, então desenvolvi alguns critérios para me ajudar a avaliar os riscos e as vantagens de cada mercado.

Primeiro, eu estudo os mercados pelo idioma e depois pelo país predominante. Uma vez que identifiquei os mercados onde livros do meu gênero literário são populares, considero outros fatores.

Critérios de Avaliação de Mercado

Meu mercado ideal possui as seguintes características:

PE OU PREÇOS ELEVADOS – livros com preços elevados de venda

CE ou Crescimento Elevado – a leitura é generalizada e regular ou está crescendo em popularidade

CB ou Concorrência Baixa – há um número reduzido de livros para atender à demanda

MG ou Mercado Grande – um grande mercado potencial de leitores

Gênero – Confirmo que o gênero e o subgênero escolhidos estão entre os mais populares no idioma e mercado em questão e nas maiores plataformas de venda do país.

Um livro que atende três ou mais desses critérios tem um bom potencial. É difícil encontrar mercados com todas essas características. Caso encontre, então é um mercado que vale a pena ser explorado. Também é importante observar que um mercado grande sem nenhum dos outros fatores ainda pode ser algo bom, mas você provavelmente terá que competir baixando o preço (ter valores de venda baixos) e é possível que precise arcar com os custos de publicidade para ganhar visibilidade, já que o mercado é muito competitivo.

Seguem alguns exemplos que encontrei:

Chinês

Crescimento Elevado
Concorrência Baixa
Mercado Grande

Gêneros populares: Romance, mistérios.

Livrarias virtuais populares: Baidu, Douban, Amazon.cn, Overdrive

O chinês representa um mercado enorme, com uma taxa de crescimento muito alta. Potencialmente, é muito maior que o mercadb de língua inglesa, mas existem restrições e censura contra certos tipos de livros, em especial os livros com temas políticos que podem ser considerados críticas ao Estado chinês. O mercado chinês é mais conservador que o americano em relação aos romances. Muitos livros de romance são considerados extremamente ousados para a censura chinesa. Livros sobre assuntos políticos e históricos sensíveis também não são aceitos.

Os preços são bem mais baixos que nos EUA, geralmente em torno de 1/5 do valor dos livros em dólar americano, compensado por um volume muito maior.

Existem traduções chinesas simplificadas (China) e tradicionais (Hong Kong e Taiwan), então vai querer fazer ambas. É difícil ou quase impossível distribuir e vender traduções chinesas na China, porque o governo chinês precisa emitir um número ISBN, que só é emitido para editoras chinesas reconhecidas.

Se você está fora da China, precisa encontrar uma solução tradutória que forneça tanto a tradução quanto a distribuição, se quiser alcançar a maioria dos leitores chineses, os que estão na China continental. Eu espero que essas opções se ampliem no próximo ano e discutirei algumas alternativas na seção de plataformas de venda em um capítulo posterior. Recentemente, o site de vendas virtuais Kobo adicionou a distribuição em Taiwan, então novos canais estão se abrindo neste mercado menor.

Holandês

Preços Elevados
Crescimento Elevado
Concorrência Baixa

Gêneros populares: Romance, suspense.
Livrarias virtuais populares: Bol.com, Kobobooks.com
A Amazon tem uma loja nos Países Baixos, mas não é tão popular como a Bol.com. O mercado é menor, mas a porcentagem da população que lê é bem mais alta. Devido ao número de falantes nativos do holandês ser somente de 25 milhões de pessoas, muitos livros não são traduzidos para o holandês do mesmo modo como são para outros idiomas. Os leitores também estão acostumados a pagar preços altos.

O site de vendas virtuais Kobo acabou de lançar o *Kobo Plus*, um serviço de assinatura de livros digitais, por 10 euros por mês, nos Países Baixos e na Bélgica. A Bélgica tem dois idiomas principais: holandês (um dialeto flandrense) e francês. O *Kobo Plus* é um lançamento piloto do serviço de assinatura global do Kobo e espero que propicie uma demanda maior de livros digitais traduzidos.

O holandês belga (flandrense) tende a ser um pouco mais formal que o holandês dos Países Baixos. Como a maioria dos falantes nativos de holandês é dos Países Baixos, optei por um tradutor neerlandês.

Francês

Preços Elevados
Concorrência Baixa

Gêneros populares: Suspense, romance.

Livrarias virtuais populares: fnac.fr, amazon.fr, kobobooks.com

Os franceses amam suas livrarias e após um começo meio lento, os livros digitais estão finalmente começando a ganhar força. Este é um mercado razoavelmente grande, mas com crescimento lento, onde os livros digitais estão começando a ganhar a preferência dos usuários. É um mercado onde você ainda consegue entrar no início para estabelecer o seu nome. Acredito que tenha um bom potencial em longo prazo.

Cerca de 40% dos falantes nativos do francês estão na Europa, com o Canadá em um distante segundo lugar. O francês também é uma segunda língua bastante comum em muitas partes do mundo, incluindo as antigas colônias francesas, em especial as da África.

Prefiro tradutores da França, simplesmente porque acho que suas traduções são mais aceitas universalmente. Livros com sucesso de vendas muitas vezes são traduzidos para o francês europeu e para o francês canadense, porque ambos representam mercados consideráveis, mas os dialetos são bem diferentes. O dialeto canadense não é o quê o leitor nativo de francês europeu quer ler e vice-versa e como a maioria dos falantes nativos é da Europa, o dialeto europeu tende a ser mais aceito em outros lugares. Obviamente, existem mais variações do francês ao redor do mundo, mas esses são os dois maiores grupos.

Alemão

Crescimento Elevado
Mercado Grande

Gêneros populares: Romance, ficção científica/fantasia, romance policial.

Livrarias virtuais populares: Amazon.de, Aliança Tolino (Thalia, Weltbild, Hugendubel, Buch.de, club.de, ebook.de etc.)

A maioria dos falantes do alemão reside na Alemanha, embora também existam falantes de alemão na Áustria, na Suíça e em outros locais. Apesar das poucas variações regionais do idioma alemão ao compararmos com outras línguas, optei por tradutores alemães. Um sobreaviso: se contratar diretamente linguistas residentes na Alemanha, saiba que segundo as leis alemãs, o tradutor, e não o autor, tem os direitos autorais das obras traduzidas. Isso pode ter um impacto significativo, pois o titular dos direitos autorais terá posse dos direitos dos audiolivros e outros direitos derivativos dos livros traduzidos, e não você.

Uma solução é fazer o contrato como "prestação de serviço", onde o contratado (o tradutor) concorda em ceder seus direitos para você, o autor. Assim como em qualquer contrato legal, é melhor obter um aconselhamento jurídico se estiver lidando diretamente com um tradutor alemão. As leis alemãs podem sobrepor os termos contratuais, dependendo da jurisdição do contrato. Como as leis variam e podem mudar a qualquer momento, eu evito possíveis riscos no âmbito desse regime usando uma plataforma terceirizada como a Babelcube, que emprega o contrato de prestação de serviço com o tradutor e tem um mecanismo de litígio contratual. Falaremos mais sobre a Babelcube em um capítulo posterior.

Italiano

Crescimento Elevado
Preços Elevados
Concorrência Baixa

Gêneros populares: Romance e mais romance!
    Livrarias virtuais populares: Amazon.it, Mondadori.it
    O italiano representa um mercado pequeno, mas crescente, com alta adoção de livros digitais e preços razoavelmente altos. Embora o mercado seja um pouco pequeno, a leitura é bastante popular na Itália. Há muitas livrarias, canais de distribuição e blogueiros literários.
    Há também muitos tradutores talentosos, então você consegue, facilmente, encontrar um excelente tradutor de italiano a um preço razoável. É um dos meus mercados favoritos no momento, porque não há muita concorrência.
    Se eu fosse escolher um mercado para começar hoje, seria a Itália.

Português

Mercado Grande

Gêneros populares: Romance e não ficção.
    Livrarias virtuais populares: Livraria Cultura, Amazon.com.br, Apple iBooks, Google Play
    A maioria dos falantes nativos do português é do Brasil, ficando Portugal em segundo lugar, com apenas uma fração de pessoas em relação ao Brasil. O mercado de livros digitais está crescendo no Brasil, mas com um alto volume de downloads gratuitos e preços baixos. No entanto, como é um mercado muito grande e há muitos tradutores bons disponíveis, é um

mercado que não deve ser ignorado. Acredito que ele evolua de forma semelhante ao mercado americano, com preços baixos e alta competitividade.

O Brasil possui um setor editorial bem desenvolvido. Com a economia brasileira em recessão no momento, há muitos bons tradutores do português brasileiro disponíveis para trabalho freelance.

Prefiro falantes nativos de português brasileiro por razões de tamanho do mercado.

Espanhol

Mercado Grande

Gêneros populares: Romance, ficção histórica, fantasia.

Livrarias virtuais populares: Librerias Ghandi (México) BajaLibros (América do Sul), Amazon.es, Amazon.mx, Amazon.com

Embora o espanhol seja a segunda língua mais popular no mundo, atrás do chinês em termos de falantes nativos, isso não se converte em um número igualmente grande de leitores. Por algum motivo, a leitura não é uma das atividades de lazer mais populares nos países de língua espanhola. Além disso, a pirataria é muito alta em diversos países da América do Sul, mantendo as vendas baixas. Com exceção da Espanha, os rendimentos nos países de língua espanhola tendem a ser inferiores aos da Europa e América do Norte, em média.

A maioria dos leitores do espanhol europeu é menos suscetível a aceitar o espanhol não europeu, como os dialetos mexicano ou da América do Sul. Embora não existam variações significativas no idioma entre os países, há diferenças notáveis em relação à gramática, escolha vocabular, formalidades e expressões idiomáticas. Os leitores espanhóis entenderão seu tradutor argentino perfeitamente, mas é provável que concluam tratar-se de uma tradução pobre e não um dialeto diferente e não hesitarão em dizer isso em uma crítica literária.

Essa é outra exceção, onde o dialeto mais aceito pode não ser o do país mais populoso. A Espanha tem uma população de cerca de 46 milhões de habitantes, que é muito menor que o México, com 122 milhões. Os dialetos também variam entre os países da América do Sul e da América Latina. Embora a Espanha tenha pouca influência sobre o cotidiano de suas ex-colônias, na literatura pelo menos, o espanhol europeu parece ser o mais bem aceito universalmente. Outra dica interessante: no momento, o maior mercado de livros digitais em espanhol não é nem a Espanha e nem o México. É o mercado americano com a Amazon.com.

Inglês

Mercado Grande

Gêneros populares: Romance, mistério/suspense, ficção científica.

Livrarias virtuais populares: Amazon.com, Amazon.co.uk, Kobobooks.com, Apple, Google Play

Panorama:

Meus livros são escritos em inglês, então eu não os traduzo para este idioma. Eu sigo a ortografia e a gramática americana. Meu conselho para autores que não escrevem em inglês e querem traduzir seus livros para o inglês é o mesmo: concentre-se na preferência do país com a maior população, que é os Estados Unidos. O inglês americano é compreendido por todos os leitores do inglês, embora existam algumas variações. O leitor americano é o mais crítico e impiedoso e pode dar críticas literárias ruins ao ler o inglês britânico ou outra vari-

ação do idioma. Às vezes, essas diferenças gramaticais e orto-
gráficas são equivocadamente confundidas com erros. Não há
nada pior que uma crítica literária ruim para prejudicar as
vendas, então, se você tiver que escolher um idioma específico,
eu recomendo o inglês americano.

Tanto os Estados Unidos como o Reino Unido têm uma
grande quantidade de livros, por isso os preços são baixos,
devido à alta concorrência e à oferta. Mas se você conseguir
entrar para a lista dos mais vendidos, se sairá bem.

A maioria dos livros publicados de forma tradicional que
são traduzidos para o inglês terá versões americanas e britânicas, pois o Reino Unido também representa um mercado considerável. Mercados menores, como o Canadá, a Austrália e a
Nova Zelândia tendem a seguir variações da grafia britânica.

Provavelmente, você percebeu que o gênero romance
parece ser o gênero literário mais popular na maioria dos
países e idiomas. O mistério e o romance policial, em geral,
ficam em segundo lugar. Para esses gêneros, certifique-se de
que o subgênero do seu livro é igualmente popular, em especial
dentro do gênero romance, porque alguns níveis de paixão não
são universalmente aceitos em todos os lugares.

Outras línguas

Existem outras línguas que estou observando, mas ainda não
estou pronta para me comprometer. Esses mercados parecem
promissores, mas ainda é cedo para saber se valem a pena ou
não. Embora tenham potencial em uma ou mais áreas, também
há riscos. As coisas podem mudar rapidamente, então estarei
pronta para pular de cabeça caso as circunstâncias mudem.

Hindi

Mercado Grande

A princípio, a Índia representa um mercado enorme. No entanto, há questões importantes que você precisa saber. Embora o inglês seja amplamente falado e lido como uma segunda língua por muitos, em especial por leitores com ensino superior, ainda não é compreendido no âmbito da leitura por muitas pessoas. O inglês é secundário a uma primeira língua como o hindi ou outra das muitas línguas nativas.

Mesmo quando o inglês é compreendido, isso não significa que a pessoa queira ler em sua segunda língua. Sabemos que as pessoas preferem ler em suas primeiras línguas mais do que em outras. Existem mais de 22 idiomas e milhares de dialetos falados na Índia, então, o que a princípio aparenta ser um mercado grande, é na verdade um mercado fragmentado.

Além disso, uma grande parte da população é analfabeta e a pirataria está generalizada. Os livros não são acessíveis e não estão disponíveis para a maioria das pessoas. Considere os preços extremamente baixos e todos os diferentes dialetos e o resultado final é uma baixa probabilidade de lucro, pelo menos no idioma hindi.

O inglês é outra história. A maioria dos pais quer que seus filhos aprendam o inglês para aumentar as oportunidades de carreira, e é provável que este seja o mercado onde estão as maiores oportunidades de crescimento. Portanto, os livros mais vendidos são os de não-ficção para fins educacionais e vocacionais.

Os indianos são receptivos à leitura em seus smartphones e os livros digitais estão disponíveis rapidamente. No momento, pelo menos, talvez seja melhor concentrar-se em estratégias de preços e aumentar seus canais de venda para seus livros em inglês no mercado indiano, em vez de traduzir seus livros para outros dialetos do país.

Também acho que audiolivros crescerão e se tornarão mais populares que os livros digitais neste mercado. Acredito que os serviços de assinatura de livros digitais se tornarão a principal forma de consumo de livros na Índia. O tempo dirá, então esperarei para ver o que acontece.

Um obstáculo ainda maior para a venda de livros na Índia, não importa o formato, é a falta de sistemas de pagamento. A maioria dos indianos não usa cartões de crédito. Pagamentos para compras sem dinheiro são realizados principalmente através de contas com operadoras de celulares. Há diversos avanços promissores para sistemas de pagamento, mas até estarem funcionando, é improvável que este idioma seja capaz de dar frutos em breve.

Indonésio

Mercado Grande

Bahasa indonesia é o idioma oficial da Indonésia, mas há mais de 300 línguas faladas, então o que a princípio aparenta ser um mercado enorme é relativamente um mercado fragmentado. O rendimento disponível também é baixo. Esta língua está na minha lista de observações, mas não é uma prioridade.

Japonês

Mercado Grande
Preços Elevados
Concorrência Baixa

No momento, não é tão fácil distribuir e vender livros no Japão, a não ser na Amazon Japão, então estou observando este idioma e esperando por novos avanços e oportunidades. Rakuten, a empresa matriz da Kobo é a maior loja de comércio virtual japonesa e a Amazon também tem uma loja. Os desafios tradutórios estão mais relacionados a encontrar um bom tradutor do japonês. Ainda não encontrei muitos tradutores que são nativos do japonês. No entanto, é um mercado que vale a pena ser explorado, então é uma prioridade na minha lista de observações.

Russo

Mercado Grande

O mercado russo é potencialmente muito grande, mas há pirataria excessiva e os preços são baixos. Neste momento, não vejo muita capacidade para uma tradução russa valer a pena, mas isso pode mudar rápido.

4

OPÇÕES DE TRADUÇÃO

Antes de começar a procurar por tradutores, desejará ter uma ideia das opções de tradução disponíveis, assim como os prováveis custos e as diversas formas de pagar pela tradução.

A tradução pode ser cara, principalmente se você tem muitos livros que deseja traduzir para um ou mais idiomas. Alguns autores não se sentem confortáveis em gastar dinheiro adiantado com uma tradução quando não conhecem o mercado local ou não estão confiantes ou não possuem tolerância ao risco para realizar uma tradução em uma língua que não compreendem.

Outros preferem pagar pelas traduções de forma direta para manter o controle e aumentar os lucros potenciais.

Vender ou Ceder Seus Direitos

Autores que desejam diminuir riscos, às vezes, optam por vender seus direitos estrangeiros alternativos, mesmo que seus livros nos idiomas originais sejam publicações independentes. Neste tipo de acordo, em geral, você trabalha com um agente, mas editoras estrangeiras, às vezes, entram em contato com autores diretamente se estiverem interessadas em traduzir o livro. Como pode imaginar, o lucro potencial do autor, neste caso, será menor se o livro for bem sucedido, mas a vantagem é que o autor não precisa fazer um investimento inicial e pode até receber um adiantamento.

Uma alternativa mais recente é a *Amazon Crossing*, onde você pode enviar seus livros para consideração. Se seu livro for escolhido para um idioma específico, você não terá custos iniciais e receberá pelos direitos autorais, assim como faria se assinasse um contrato com uma editora. Os tradutores da *Amazon Crossing* se candidatam ao trabalho e geralmente recebem um valor fixo mais uma pequena quantia por direitos autorais se um determinado limite de vendas for alcançado. A maior vantagem de ir por este caminho é a máquina de divulgação da Amazon e o posicionamento privilegiado na loja da Amazon.

Os tradutores da *Amazon Crossing* geralmente são bons e algo a se observar é que esses tradutores também fazem outros trabalhos freelance, então você sempre pode abordá-los diretamente se estiver interessado em trabalhar com eles.

A desvantagem dessa abordagem é que você abre mão do controle e de parte dos proventos. A editora tem a palavra final na escolha da capa e da marca e você cede seus direitos por um tempo muito longo, muitas vezes o prazo dos direitos autorais é vitalício e mais 70 anos após o seu falecimento. No entanto, em contrapartida, os prazos da Amazon são menores, cerca de 10 anos.

A vantagem é que há muito pouco para você fazer, além de assinar o contrato.

Gerenciar o Processo de Tradução Você Mesmo

Também existem muitas formas de você mesmo lidar com as traduções, que é a minha preferência. É preciso investir um tempo inicial, mas vale a pena. Também pode haver um investimento monetário, dependendo do método que escolher. Os métodos mais comuns são:

- Pagar um valor fixo ao tradutor, com base no tamanho do trabalho, geralmente expresso por um valor por palavra;
- Pagar uma taxa de direitos autorais, como uma porcentagem dos rendimentos da venda do livro;
- Uma combinação desses dois métodos.

EU JÁ FIZ todos os três métodos. Minha preferência varia dependendo do custo do tradutor e do mercado em particular. Envolve um pouco de análise, pois existem fatores vantajosos e desvantajosos e alguns fatores podem ser mais significativos em uns mercados do que em outros.

Certamente, você escolherá o acordo que funcione melhor para você, mas seja qual for o valor ou a porcentagem dos direitos autorais que estabelecer, tente pensar no melhor resultado em termos de equidade para o tradutor também. Bons tradutores são muito difíceis de encontrar e considerar os interesses de todos e pagar um valor justo é a melhor forma de desenvolver e manter um relacionamento produtivo, rentável e duradouro.

Mais importante ainda, é você querer incentivar o tradutor a fazer uma boa tradução e fazer com que seja vantajoso ele trabalhar novamente com você em outros livros. Não consigo pensar em uma pessoa melhor para ter ao meu lado em um mercado estrangeiro. Mesmo que eles não sejam marqueteiros ou publicitários, podem ajudá-lo a navegar o mercado estrangeiro. Na maioria das vezes, promoverão seu livro sem sequer perceber, pois estarão divulgando a tradução da sua obra como parte de seus portfólios.

Dois dos meus tradutores me ajudaram a entrar em bibliotecas em seus mercados locais, abordando as bibliotecas com meus livros. Eu nunca sugeri ou pedi a eles que fizessem isso, eles apenas fizeram. Acho que quando você é justo em seus acordos de trabalho, você colhe frutos inesperados. Além disso, é bom carma.

Com certeza, você já percebeu que as taxas tradutórias podem somar de forma rápida, principalmente se você tem muitos livros. Você também deve ter muitos livros traduzidos e publicados em cada idioma antes de esperar resultados substanciais. Assim como o livro em seu idioma original, quanto mais livros tiver, mais leituras e divulgação você terá. Espere ter dois ou três livros em um idioma antes das vendas começarem a ganhar força. Quando isso aconceter, você ganhará visibilidade e seus rendimentos crescerão.

Contudo, mais livros traduzidos significa despesas maiores com a tradução. Certamente, existem muitas formas de financiar suas traduções, mas os seguintes acordos são os mais comuns para se trabalhar com um tradutor.

Valor fixo

Neste acordo, você paga o custo total da tradução. O pagamento tradicional é pelo número de palavras, com base na contagem de palavras no texto do idioma original. A taxa por palavra varia conforme a língua e pode variar devido à oferta e à demanda. Se há muitos tradutores, mas não há trabalho de tradução suficiente, é provável que os valores abaixem. Poucos tradutores, mas alta demanda de trabalho, normalmente, resulta em valores mais altos. Em geral, você paga um valor inicial na contratação do serviço e o restante mediante a entrega da tradução final.

O valor depende das tarifas daquele idioma mundialmente, assim como das taxas salariais vigentes no país do tradutor. No presente momento em que escrevo este livro, as traduções para o alemão são as que mais estão em demanda. Alguns dos melhores tradutores cobram cerca de €0,10 a €0,15 centavos do euro por palavra ou mais, o que equivale de US$8.000 a US$12.000 dólares para um romance com 80.000 palavras. Alguns até pedem uma porcentagem em cima dos direitos autorais além deste valor.

Uma língua popular, com muitos tradutores competindo por trabalho terá tarifas mais baixas. Alguns tradutores trabalham com tarifas tão baixas que chegam a 2 centavos por palavra, mas isso é a exceção, não a regra. No entanto, isso não significa que uma língua menos popular terá tarifas menores. Na verdade, a tarifa poderia ser maior, porque há menos tradutores para se escolher.

Embora as tarifas sejam ditadas pelo mercado, sempre há tradutores que podem estar dispostos a trabalhar por valores mais baixos para ganhar experiência e se estabelecerem como tradutores literários. Se puder fazer o devido esforço, pode encontrar um ótimo tradutor assim, a um custo bem razoável.

Sob o acordo de valor fixo, o autor assume todo o risco. O tradutor é pago quando fornece o produto final, independente do livro ser ou não um sucesso de vendas. O autor somente recupera o seu investimento se o livro vender cópias suficientes para compensar o custo inicial. É mais fácil falar do que fazer, pois é difícil vender e divulgar seu livro em um idioma que você não fala e não entende.

A maior vantagem de pagar um valor fixo é que uma vez que você paga o tradutor, não há mais nada a fazer. Não é

necessária nenhuma contabilidade entediante para pagamentos em cima de um acordo com participação nos direitos
autorais e não há ressentimento por parte do tradutor se você
abaixar o preço do livro, fornecê-lo de graça ou afetar os
direitos autorais do tradutor de alguma outra maneira. Eles são
pagos e não importa como o livro vende. Muitos excelentes
tradutores só trabalham por um valor fixo.

Muitos dos melhores tradutores trabalharão pelo valor fixo
mais alto (como 15 centavos por palavra, no exemplo do
alemão), além de quererem uma pequena porcentagem, como 2
a 5% das vendas. Pessoalmente, se estiver pagando tanto, não
concordarei com a porcentagem sobre as vendas além do valor
fixo. Não quero ter o aborrecimento administrativo e também
acredito que um valor fixo bem generoso é mais do que
suficiente.

Este método de pagamento antecipado é simples e tem a
menor quantidade de encargo administrativo já que não é
necessário consultar um parceiro sobre os preços e não precisa
produzir extratos detalhados dos lucros sobre os direitos
autorais.

É o método mais caro, em termos de custo inicial, mas pode
ser a opção mais barata em longo prazo se seu livro fizer
sucesso e se tornar um *best-seller*. Estude os preços de venda nos
idiomas e gêneros e considere quantas cópias terá que vender
antes de recuperar os gastos. Minha regra é: se posso recuperar
o valor com as despesas dentro de 1 a 2 anos, eu pago
adiantado.

Vantagens

- Você detém os direitos da tradução. Está livre para
  distribuir para todos os canais de venda ou somente

um, sem consultar o tradutor ou afetar seus rendimentos;

- Você continua a ter os direitos derivativos exclusivos para outros formatos, como audiolivros, brochuras ou outras coisas, como opções de filmes, para que possa explorar imediatamente esses direitos e ganhar mais dinheiro mais rápido;
- Flexibilidade de preços. Você pode optar por dar o primeiro livro de graça ou por um preço barato para fins de marketing, algo que seria injusto com o tradutor sob um contrato com participação nos direitos autorais;
- Elimina a necessidade de registros, necessários no caso de participação nos lucros dos direitos autorais;
- Diminui o risco de litígios judiciais, uma vez que o contrato termina quando a tradução é entregue;
- Pode ser a opção mais barata para você, se seu livro vender bem;
- Você terá sua tradução terminada rapidamente, pois o tradutor priorizará como trabalho "pago" em vez de participação nos lucros com o prazo de pagamento longo e incerto.

Desvantagens

- Você arca com o custo da tradução, que pode ser extremamente cara e aumentar se tiver muitos livros;
- Pode nunca recuperar seu investimento. Os preços dos livros podem baixar, os modelos de assinaturas podem mudar e a concorrência pode aumentar, impedindo que recupere seus gastos;
- Menos incentivo para um tradutor antiético fornecer um produto de qualidade, pois não há lucro em jogo

quando o produto final é entregue. Talvez você não
perceba que há problemas de editoração ou
qualidade até que receba críticas literárias ruins;

- O tradutor pode não estar motivado em ajudá-lo
com o marketing e a divulgação no mercado
estrangeiro, uma vez que já recebeu tudo.

Participação nos direito autorais

Acordo direto com o tradutor

Um acordo com participação nos lucros dos direitos autorais
apresenta menos risco para o autor em termos de gastos. Entretanto, é o maior risco para o tradutor, que normalmente
trabalha tempo integral por um ou dois meses em um romance,
sem garantia de sucesso ou pagamento. Não sabe quanto
ganhará com o tempo ou mesmo quando ganhará, uma vez que
sua tarifa é uma porcentagem sobre as vendas do livro. Isto não
representa a forma como tradutores normalmente trabalhavam
no passado, então nem todos os tradutores estão dispostos a
trabalhar por uma participação nos direitos autorais.

Traduzir um romance representa um investimento de
tempo considerável para o tradutor e é justo que ele tenha
todas as informações. É sempre bom ser honesto com o
tradutor sobre as vendas estimadas, para que ele possa iniciar a
tradução com uma noção realista de seus possíveis ganhos e
riscos envolvidos.

A maioria das pessoas tem uma visão idílica do processo
editorial e dos ganhos do autor em geral. É uma boa ideia
fornecer ao tradutor muitos detalhes sobre as vendas atuais do
seu livro e uma noção geral do lucro que ele pode esperar com
a tradução, para evitar decepção ou expectativas irreais. Use o
valor líquido atual das vendas e das unidades vendidas, com a

ressalva de que os resultados podem variar em um mercado estrangeiro.

O faturamento líquido das vendas é muito importante, pois a maioria dos tradutores não tem ideia da porcentagem do valor de catálogo do livro que realmente é revertida para o autor. Forneça todas as declarações de exoneração de responsabilidade, claro, mas seja honesto e franco. Forneça amplas estimativas estatísticas de ganhos para que o tradutor possa, ao menos, ter uma noção do pagamento e tomar uma decisão consciente.

Se tiver um bom tradutor, desejará estabelecer um relacionamento duradouro com ele, de preferência para traduzir todos os seus livros de uma mesma série. É melhor fornecer projeções de venda conservadoras e excedê-las do que decepcionar. Muitas vezes, o mesmo sucesso de venda no mercado de língua inglesa não se repete em outros idiomas e mercados e o tradutor também deve estar ciente disso.

Uma boa relação de trabalho com o tradutor facilita as coisas para você. Trabalhar com um tradutor talentoso em uma série de livros é mais fácil que selecionar e contratar um novo tradutor para cada livro.

Os tradutores dispostos a fazer acordos com participação nos direitos autorais normalmente têm empregos paralelos para pagar as contas. Um romance feito em meio período de trabalho pode demorar 6 meses ou mais para ser traduzido e mesmo assim, não há garantia de que o tradutor concorde em traduzir outros livros da sua série. E mesmo que concorde, pode demorar anos para traduzir todos os livros da série. Acredito que seja uma boa ideia manter o mesmo tradutor para uma série inteira quando possível. Assim como o autor original, o tradutor acrescenta a sua própria "voz" à tradução. Você desejará que a tradução tenha consistência entre os livros de uma mesma série.

A maioria dos tradutores não prefere esse tipo de acordo.

Os que estão dispostos a isso estão procurando ganhar experiência em tradução literária ou, se já tiverem experiência, estão correndo um risco calculado de que seu livro possa ser um sucesso. Se for esse o caso, o autor terminará pagando bem mais pela tradução do que se tivesse pago um valor fixo. Muitos tradutores pedirão para ler seu livro antes para avaliá-lo. Considere isso um sinal de que é um bom tradutor, que leva seu trabalho a sério.

Se contratar o tradutor diretamente, seja cauteloso com o prazo do contrato. Um período de tempo razoável é de cinco anos, pois o rendimento bruto das vendas de um livro ocorre nos primeiros dois anos.

Alguns autores decidem dividir os direitos autorais em licença perpétua com os tradutores. Eu não gosto deste método, porque não quero estar calculando valores de direitos autorais em dezenas ou centenas de traduções quando estiver com 90 anos de idade. Se for cuidadoso ao escolher o livro, os mercados e o tradutor, o tradutor deve mais do que ganhar sua tarifa em um período de tempo de cinco anos. Se o seu livro acabar sendo um *best-seller*, você sempre pode decidir pagar um bônus extra ao tradutor.

Uma das principais desvantagens da participação direta nos lucros é que o tradutor não tem nada a perder se fracassar em cumprir o prazo estabelecido ou se decidir parar a tradução na metade do projeto. Muitos autores reclamam de nunca ouvir notícias do tradutor após a aprovação da amostra de tradução. Você sempre pode recomeçar com outro tradutor, mas enquanto isso, você precisa atrasar o cronograma da tradução em meses ou até mesmo anos. Se você tem uma série para ser traduzida, atrasos no primeiro livro podem delongar a tradução de toda a série.

Um autor de ficção científica que conheço contratou um tradutor alemão conhecido e talentoso para traduzir seu livro, o primeiro dentre sete livros de uma série de ficção científica, em um prazo de 60 dias. Este período de tempo foi sugerido pelo tradutor, não pelo autor. Infelizmente, isso foi há dois anos e o autor ainda está esperando por seu livro traduzido.

Tecnicamente, o tradutor violou o contrato. O tradutor alega que o livro está 80% traduzido e como se trata de um acordo com participação nos direitos autorais com um tradutor, o autor está relutante em agir, pois não conseguiria pagar pelo serviço de outra forma. Ele continua esperando pelo livro que nunca chega. Não tenho certeza o que faria nesta situação.

O seguinte resume as vantagens e desvantagens ao lidar diretamente com o tradutor.

Vantagens

- O autor não tem gastos adiantados com a tradução;
- O tradutor está motivado para fornecer uma tradução de qualidade;
- O tradutor é incentivado a auxiliar o autor com o marketing e a divulgação do livro no mercado estrangeiro, pois isso pode aumentar seus ganhos ao longo do prazo do contrato.

Desvantagens

- Menos flexibilidade na fixação de preços, como oferecer livros gratuitos ou com desconto, sem discussão e consentimento do tradutor;
- O registro de informações pode levar tempo e ser monótono, uma vez que precisa monitorar as vendas por livro, país, moeda e plataforma;
- Dependendo do país, pode haver questões fiscais internacionais, como a retenção de pagamentos, isenções ou passivos tributários inesperados;

- Você pode se expor a perdas monetárias estrangeiras se receber em uma moeda e ter que pagar pela tradução em outra;
- O tradutor pode perder os prazos de entrega ou não entregar o trabalho. Isso afeta não somente o livro atual, mas a sequência de livros da série. O tradutor não tem incentivo monetário para entregar se estiver ocupado com outro projeto.

Você também pode fazer uma variação deste método, trabalhando com um contrato de participação nos lucros dos direitos autorais com o tradutor em uma plataforma de tradução como a Babelcube, em vez de lidar diretamente com a pessoa. Além das vantagens e desvantagens citadas acima, há algumas considerações adicionais caso decida seguir este caminho.

Participação nos Lucros Usando uma Plataforma de Tradução

No próximo capítulo entrarei em detalhes sobre como usar uma plataforma terceirizada, mas por enquanto, falaremos somente sobre o que considerar quando decidir se deve ou não seguir este caminho.

A melhor coisa sobre as plataformas de tradução é que elas cuidam de todas as tarefas administrativas. A plataforma de tradução intercederá em seu nome em caso de não cumprimento, lembrando aos tradutores que precisam cumprir os prazos e lidará com outras questões não relacionadas a desempenho, como litígio sobre a qualidade da tradução em si. Instâncias como esta são raras, então acredito que esse tipo de acordo pode ser muito vantajoso.

Também há benefícios jurídicos nesse tipo de acordo, uma vez que a plataforma de tradução tem um contrato padrão com termos que protegem seus direitos sobre sua propriedade intelectual, como a questão da apropriação dos direitos autorais em alemão, mencionado anteriormente.

Isto é exatamente o que fazem na versão do contrato de "prestação de serviço" da Babelcube. Poderia facilmente incorporar os mesmos termos nos meus contratos, mas como não sou advogada, hesito em fazer isso. Qualquer plataforma que usar, leia o contrato cuidadosamente e certifique-se de que tudo está descrito de forma clara para que não haja mal-entendidos mais tarde.

Discutiremos plataformas específicas no próximo capítulo.

Resumindo, uma tradução feita por uma plataforma de tradução é uma opção atraente, sem investimento inicial para o autor. O único risco considerável é uma tradução pobre, que você pode evitar ao escolher cuidadosamente o tradutor e avaliar a amostra da tradução.

Vantagens

- A plataforma de tradução lida com o registro de dados, pagamentos e impostos;
- A plataforma de tradução pode interceder em seu nome caso ocorram questões contratuais, como atraso na entrega ou não cumprimento do trabalho;
- Contratos de prestação de serviço protegem seus direitos sobre sua propriedade intelectual;
- Quando a validade do contrato expirar, você recebe todos os rendimentos subsequentes sobre os direitos autorais e pode explorar seus direitos de propriedade intelectual;
- Muito econômico e de baixo risco.

Desvantagens

- A plataforma de tradução leva uma porcentagem da receita líquida, deixando menos dinheiro para dividir entre você e o tradutor;
- Você não pode explorar seus direitos subsidiários, como audiolivros baseados na tradução, até a validade do contrato expirar;
- Há um intermediário entre você e os livros publicados, limitando sua habilidade de estipular preços e categorias e usar programas de publicidade específicos para divulgar diretamente seus livros em algumas plataformas de venda.

As plataformas específicas serão abordadas em detalhe no próximo capítulo.

Combinação Valor Fixo + Participação nos Lucros

Um valor fixo mais uma participação nos lucros dos direitos autorais pode ser uma concessão muito efetiva. Dá ao tradutor alguma certeza com um valor de base garantido mais um incentivo extra se o livro vender bem. Motiva o tradutor a promover e comercializar o livro para ganhar ainda mais. Se quiser que um tradutor ajude-o com a divulgação, certifique-se de incluir esses detalhes no contrato com resultados claros, como as cópias das vendas das traduções, artigos publicados etc.

Um acordo combinado como este também pode manter as coisas conforme o cronograma, uma vez que o tradutor não recebe o valor fixo até entregar o livro traduzido. Normalmente, essa quantia fixa equivale a pelo menos metade do que seria em um acordo com um valor fixo, embora possa variar conforme acordado com o tradutor.

Esse acordo combinado pode ser mais complicado para você - o autor, porque tem todas as complexidades de um acordo com participação de lucro nos direitos autorais, em termos de registro de informações, sem muitos benefícios para você. Uma vantagem é que atrai tradutores mais experientes e talentosos.

Uma variação deste acordo é a opção oferecida por uma nova plataforma de tradução terceirizada. O autor pode aumentar a participação nos direitos autorais do tradutor com uma quantia fixa que é fornecida após a conclusão da tradução. Veremos mais sobre esta plataforma no próximo capítulo.

Vantagens

- Você pode atrair tradutores mais experientes por um valor inicial mais baixo;
- Você paga menos inicialmente;
- Você fornece um incentivo maior ao tradutor para entregar um produto de qualidade dentro do prazo, uma vez que esta forma de rendimento representa um risco de um ponto de vista de tempo e de desempenho (caso seja uma tradução pobre, não venderá).

Desvantagens

- Menos flexibilidade na fixação de preços, como livros gratuitos ou com desconto, sem discussão e consentimento do tradutor;
- O registro de informações pode levar tempo e ser monótono, uma vez que precisa monitorar as vendas por livro, país, moeda e plataforma;

- Dependendo do país, pode haver questões fiscais internacionais, como a retenção de pagamentos, isenções ou passivos tributários inesperados;
- Você pode se expor a perdas monetárias estrangeiras se receber em uma moeda e ter que pagar pela tradução em outra;
- A menos que esteja especificamente isento no contrato, você não pode explorar seus direitos subsidiários, como audiolivros baseados na tradução, até que a validade do contrato expire;
- Talvez você nunca recupere o seu investimento inicial. Os preços dos livros podem baixar, os modelos de assinatura podem mudar e a concorrência pode aumentar, impedindo que você recupere seus gastos.

Vender Seus Direitos Estrangeiros Alternativos

Há mais uma opção, que seria vender seus direitos estrangeiros alternativos. Você pode fazer isso independente de publicar o livro você mesmo ou através de uma editora. Alguns autores preferem esta opção, pensando que seus ganhos sobre as traduções estrangeiras serão mínimos e que o pequeno retorno não vale a pena um grande investimento de tempo.

Não há nada de errado com esta abordagem, mas às vezes ela se torna uma profecia autorealizável. Sob esta opção, você deve pagar um agente uma porcentagem para encontrar uma editora estrangeira e o editor desejará obter lucro. É difícil saber quanto dinheiro você potencialmente pode ganhar se decidir ir por este caminho. Mas você pode ver como o rendimento diminui rapidamente com mais pessoas na fila de pagamento!

Sempre há situações onde isso faz sentido. Exemplos são os mercados que você não consegue alcançar sozinho de forma direta ou através de um intermediário ou onde demoraria muito tempo ou seria caro.

As barreiras de mercado estão diminuindo o tempo todo, todavia, lembre-se desta importante consideração. Você não quer vender seus direitos por décadas ou possivelmente pelo seu período de vida, somente para descobrir mais tarde que o que era impossível antes, agora é possível e fácil de fazer. Em caso de dúvida, espere e veja como tudo se desenvolve. Esperar é muito mais fácil que tomar decisões que não podem ser desfeitas, somente para se arrepender mais tarde.

Vantagens

- Não há mais nada para você fazer, então pode gastar mais tempo escrevendo;
- A editora tem experiência no mercado estrangeiro, então, em teoria, pode comercializar seu livro melhor do que você;
- Editoras locais têm canais de distribuição estabelecidos. É mais fácil para eles exporem seu livro traduzido em livrarias e bibliotecas;
- Não há despesas com dinheiro.

Desvantagens

- Você perde o controle sobre como ganhar dinheiro com os seus direitos;
- É improvável que os direitos sejam revertidos pra você novamente, mesmo que o livro não seja vendido;
- É possível que o acordo dure pelo menos pelo período de sua vida, então não tem volta;
- No geral, você ganhará menos, uma vez que precisa dividir qualquer provento com seu agente, com a

editora estrangeira e qualquer outra parte envolvida
no processo de publicação;

- Não terá controle sobre a escolha da capa, do preço,
da categoria, da divulgação etc.

AGORA QUE VOCÊ tem uma visão geral do custo eventual com traduções e das diversas formas de pagar por elas, você provavelmente tem algumas conclusões prévias de qual método funciona melhor para você e seus livros. No próximo capítulo, falaremos sobre onde encontrar tradutores, assim como sobre algumas das plataformas de tradução terceirizadas mais populares.

5

COMO E ONDE COMEÇAR

Onde Encontrar Tradutores Literários

Você pode encontrar tradutores em vários lugares, incluindo sites de tradução, sites de freelancers, através de referências de autores e em plataformas online desenvolvidas para traduções. Discutiremos como avaliar os tradutores em um capítulo posterior, por enquanto, apenas falaremos sobre onde encontrá-los.

Começaremos com as plataformas de tradução. Acredito ser o modo mais fácil para os iniciantes começarem. Essas plataformas funcionam como um site de namoro literário, onde autores e tradutores se conhecem. Simplificando, um tradutor escolhe um dos seus livros para traduzir e faz uma oferta ou você escolhe um tradutor e pergunta se ele tem interesse em traduzir o seu livro. Em contrapartida, você divide os proventos com o tradutor e também com a plataforma de tradução durante a validade do contrato, que geralmente é de 5 anos.

Plataformas de Tradução

Os sites de plataforma de tradução fornecem todas as funções administrativas, incluindo a publicação e distribuição, uma fonte para encontrar tradutores, contratos e resolução de litígios, controle de vendas e pagamentos.

Desta forma, os lucros dos direitos autorais líquidos recebidos são divididos entre o autor, o tradutor e a plataforma de tradução.

Esta é a forma mais fácil para começar traduções, mas a desvantagem é que você precisa desistir de algumas de suas comissões e também pode perder o controle na fixação de preços, distribuição, categorização e oportunidades promocionais dos produtos.

Os cálculos são fáceis: se você espera pagar mais tarifas para a plataforma do que pagaria ao tradutor, então lidar diretamente com um tradutor é melhor para você. Em minha opinião, os preços são o grande problema, pois a maioria dessas plataformas não permite valores regionais, pelo menos ainda não. Esta é uma grande desvantagem, uma vez que quero meu livro em espanhol com um preço mais baixo para o mercado mexicano e mais alto para os mercados dos Estados Unidos e da Espanha.

A estipulação dos preços afeta as promoções, uma vez que muitos varejistas como a Kobo e a Apple querem preços que terminem em 0,99. Os comerciantes nestas lojas me disseram que não consideram livros para oportunidades promocionais ou comercialização se o preço terminar em 0,74 ou algo que seja diferente de 0,99.

Atualmente, as principais plataformas de tradução possuem apenas um campo para o preço de venda em dólares americanos. Preços em outros mercados, que não o americano, simplesmente são os valores em dólar multiplicados pela taxa de câmbio da moeda estrangeira, então preços estranhos que terminam em algo diferente de 0,99 são inevitáveis. Esperamos que as plataformas de tradução acrescentem funcionalidade geográfica na fixação de preços para atender a esta deficiência. Até então, pode impactar a divulgação e o potencial de vendas em muitos mercados.

Outra desvantagem é a categorização. Cada varejista tem categorias ligeiramente diferentes e eu quero que meus livros estejam na categoria mais adequada, com menor concorrência para aumentar a capacidade de serem descobertos. Escolher as melhores categorias para os grandes canais de venda não é garantia de que os livros serão classificados nesta categoria ao chegarem nos diversos distribuidores. Acho que muitas vezes os livros acabam em grandes categorias gerais, como "mistério", em vez de serem direcionados a uma subcategoria específica, que escolhi.

As principais plataformas de tradução disponíveis hoje são:

Babelcube.com – com sede nos Estados Unidos

Fiberead.com – com sede na China

Traduzione Libri – com sede na Itália

Todas funcionam com base no modelo de participação nos lucros, onde o autor não paga nada adiantado, mas cede uma parte dos direitos autorais durante o prazo do contrato.

BABELCUBE

A Babelcube.com é a mais consagrada das plataformas de tradução com participação nos lucros dos direitos autorais e a que eu recomendo para começar. A plataforma é bem desenvolvida e fácil de usar. O prazo de exclusividade é de 5 anos, após o qual você está livre para publicar diretamente de forma independente e exercer qualquer direito derivativo, como audiolivros baseados nas traduções.

Os direitos autorais são divididos entre o tradutor, o autor e a Babelcube, com porcentagens que variam conforme os limiares de venda são alcançados. Os limiares de venda iniciais favorecem o tradutor e depois passam a beneficiar o autor, que recebe uma porcentagem maior ao atingir vendas mais altas.

Você faz o upload das capas e da sinopse do livro primeiro e depois procura por tradutores em diversos idiomas, escolhendo critérios de seleção e acrescentando os seus próprios com palavras-chaves de busca. Os tradutores também podem procurar por autores de forma semelhante e escolher um dos seus livros para traduzir. Então eles fazem uma oferta e fornecem uma amostra da tradução para você avaliar.

Recomendo procurar ativamente por tradutores, em vez de esperar que um tradutor faça uma oferta. Muitos dos bons tradutores estão ocupados por 6 meses a um ano ou mais, então você pode, pelo menos, entrar em suas listas de espera se estiverem interessados em traduzir seus livros.

Você pode fazer uma oferta por dia por livro e pode demorar dias ou até mesmo meses para os tradutores responderem! Por este motivo, recomendo usar uma planilha com abas para cada idioma, para ter o controle de quem você entrou em contato e a data. Pode ficar confuso se você tiver muitos livros, já que a única maneira de verificar isso é navegar por todas as suas mensagens na plataforma e as mensagens não são armazenadas por idioma.

Eu desenvolvi uma estratégia para priorizar a língua que quero traduzir primeiro e depois fazer uma lista de todos os tradutores que atendem ao meu critério. Se você tem uma série literária e quer que um único tradutor traduza tudo, lembre-se que cada livro pode levar cerca de 6 ou mais meses para ser traduzido. Se já está esperando 6 meses para trabalhar com esse tradutor, então pode ser cerca de 1 ano de espera só para o primeiro livro.

Os tradutores da Babelcube variam desde tradutores literários experientes com diplomas de mestrado, recém-formados procurando obter experiência, desempregados, aposentados bilíngues tentando algo novo e outros.

Há muitos tradutores excelentes na Babelcube, mas também há muita gente sem nenhuma experiência em tradução. Vale a pena investir tempo para pesquisar cuidadosamente a experiência e a aptidão de um tradutor antes de se comprometer com o seu trabalho. Falaremos mais sobre isso em um capítulo posterior.

Até o momento, a Babelcube oferece as seguintes línguas:

Africâner

Holandês

Inglês

Francês

Alemão

Italiano

Japonês

Norueguês

Português

Espanhol

A Babelcube diz que só oferece idiomas onde existem boas ofertas de tradutores e demanda adequada por autores. Descobri que isso é verdade na maioria dos casos. No entanto, há poucos tradutores tanto para o japonês quanto para o norueguês e poucos ou quase nenhum canal de distribuição nas lojas japonesas ou norueguesas. Há algumas outras línguas que eu gostaria de ver adicionadas, mas ainda não vi.

A plataforma em si é simples de usar e bem projetada. O espaço menos satisfatório é o atendimento ao cliente e a velocidade da publicação. As dúvidas ficam sem esclarecimento, o que pode ser muito frustrante se você tiver algum problema.

A Babelcube parece estar sofrendo da "Síndrome do Crescimento Rápido" e tem apenas alguns poucos funcionários para fazer tudo. Também há alguns problemas tecnológicos. Às vezes, mensagens entre autores e tradutores não são entregues. A publicação pode demorar muito tempo e podem ocorrer atrasos significativos sem nenhuma explicação. Por exemplo, um livro digital pode ser publicado na Apple, mas não na Amazon por semanas ou até mesmo meses. Pelo menos este foi o caso em 2016. Compreendo que a plataforma estava com problemas tecnológicos, então espero que essas questões tenham sido resolvidas permanentemente. Como pode imaginar, isso pode dificultar muito a divulgação de um lançamento.

Autores e tradutores reclamam do serviço da Babelcube, que certamente precisa melhorar se quiser permanecer na competição à medida que novas plataformas de tradução entram no mercado. A plataforma é bem elaborada, mas é mal implantada. Algumas melhoras na execução seriam ótimas.

No que diz respeito à tradução, você pode optar por trabalhar com um único tradutor ou com uma equipe formada por dois tradutores. Recomendo usar a "equipe de tradutores" sempre que possível. A dupla consiste de um tradutor principal e um segundo que revisa o trabalho. Isso não somente diminui os erros, mas aumenta as chances do trabalho ser concluído dentro do prazo estabelecido.

Se um tradutor não indica em seu perfil que trabalha em equipe, sempre pergunto se há possibilidade. Isso significa que ele precisará compartilhar uma parte do pagamento com um segundo tradutor, mas também é vantajoso. Ele terminará a tradução mais rápido e a segunda pessoa fará a parte da revisão. Você terá um livro com mais qualidade.

A Babelcube funciona com base no contrato de participação nos lucros dos direitos autorais. Os direitos autorais estão em uma escala variável, com o tradutor ganhando 55% da receita líquida para os primeiros US$2.000 dólares, caindo para 10% da receita líquida para vendas acima de US$8.000 dólares. A porcentagem do autor é de 30% para os primeiros US$2.000 dólares, aumentando para 75% acima de US$8.000 dólares durante o prazo de 5 anos. Você pode ver uma tabela aqui: http://www.babelcube.com/faq/revenue-share

Algo a se observar é que os tradutores parecem preferir contos literários por causa dos níveis de porcentagem dos direitos autorais. O que eles não percebem é que contos literários não vendem o mesmo tanto que trabalhos maiores, como romances, então não é tão vantajoso como pensam.

Como funciona:

- Os autores fazem o upload de seus livros na plataforma da Babelcube;
- Os autores podem procurar por tradutores e os tradutores podem procurar por livros para traduzir;
- Os tradutores fazem "uma oferta" para traduzir um livro, contatando o autor e fornecendo uma pequena amostra da tradução e um prazo de entrega;
- Quando o autor aceita a amostra da tradução, uma amostra maior é feita e, em seguida, o contrato padrão de participação nos direitos autorais é firmado;
- Os tradutores podem trabalhar sozinhos ou com outro tradutor que assume o papel de revisor;
- Os autores são pagos pelo Paypal (o único método de pagamento até o momento).

Fiberead

A Fiberead.com é uma plataforma de tradução chinesa que traduz para o chinês simplificado e para o chinês tradicional, oferecendo ao autor 30% dos direitos autorais líquidos. Eles planejam oferecer outras línguas no futuro. A Fiberead representa uma oportunidade importante para autores independentes terem seus livros em todas as principais plataformas na

China. No entanto, também apresenta alguns problemas sérios, então seja cauteloso.

A vantagem é que a Fiberead tem menos 'autoatendimento' que a Babelcube. Ela funciona mais como uma editora em que você faz o upload dos seus livros e todo o resto é supervisionado pelo gerente de projetos. Uma equipe de tradutores é designada para o trabalho (traduzir e revisar o livro). Espere muitas perguntas dos seus tradutores sobre o seu texto, pois cada tradutor e revisor terá suas próprias dúvidas.

Eu fiz várias traduções com a Fiberead e o processo parece criterioso, com uma plataforma bem desenvolvida e implementada. A Fiberead também cuida das etapas da publicação, distribuição e preços. O autor não faz nada uma vez que o livro foi carregado no site da Fiberead.

A Fiberead também tem canais de distribuição muito bons para todas as principais lojas chinesas, lojas que são difíceis ou quase impossíveis para autores independentes, fora do mercado chinês, entrarem. No entanto, existem alguns problemas que eu tenho com a Fiberead como empresa. A Fiberead recentemente modificou algumas das cláusulas do contrato e alguns itens que acrescentaram são muito desfavoráveis ao autor. Meus livros foram publicados sob uma versão antiga do contrato, anterior a essas mudanças. Não tenho planos de traduzir mais nenhum livro com a Fiberead a menos que eles alterem o atual contrato.

Aconselho a ler todo o contrato com cautela e a não prosseguir a menos que entenda completamente a linguagem contratual. Em especial, observe a cláusula sobre os direitos derivativos, que outorgam seus direitos à Fiberead. O contrato permite que eles continuem desenvolvendo outras formas de propriedade intelectual derivativa a partir da sua história. Ou seja, é uma retenção de direitos.

Sob esta cláusula, você está basicamente concedendo a eles permissão para vender filmes, jogos e todos os outros direitos sem nenhuma contribuição adicional ou aprovação sua. Alguns autores estão cientes desta cláusula, mas argumentam que não serão capazes de ganhar dinheiro com esses direitos de outra forma. Mas você nunca sabe o que vai acontecer amanhã e certamente poderá haver outras editoras chinesas dispostas a oferecer melhores condições.

Se o seu livro não é popular, você provavelmente não perde nada, mas se as vendas começarem a aumentar, você desejará ter mantido esses direitos para exercê-los mais tarde. A China é um mercado enorme e não um onde você quer cometer um erro.

Outras cláusulas da Fiberead relatam que o autor paga pelas despesas com brochuras, algo que parece ter perdido força após algumas críticas. Pedir ao autor que pague pelas despesas de impressão e os tradutores quando já desistiram de 70% da receita líquida para a Fiberead é injusto. Essas condições, com certeza, não são competitivas se compararmos com outras plataformas de tradução, mas talvez seja porque eles não tenham nenhuma concorrência real no momento.

E infelizmente, muitos autores assinam o contrato sem ler.

Por último, mas não menos importante, a Fiberead se recusa a dar aos autores uma cópia do trabalho traduzido em ePub ou em qualquer outro formato, alegando que não distribuem cópias para evitar a pirataria. Acredito que um autor não faria pirataria do seu próprio produto e fornecer uma cópia é uma prática empresarial comum. Muitos autores reclamam da Fiberead em relação a essa questão, mas as reclamações são em vão.

Estou confiante de que mais concorrência e melhores condições para as traduções chinesas surgirão em um futuro próximo. Enquanto isso, aconselho a esperar as traduções com a Fiberead até ela alterar os termos do contrato para algo mais aceitável comercialmente.

Como funciona:

- Os autores fazem o upload de seus livros na plataforma da Fiberead;
- Cada livro é designado a um gerente de projetos que supervisiona todo o processo da tradução e publicação;
- Os tradutores ofertam uma tradução, recebem uma nota por uma amostra tradutória e se tiverem sucesso, trabalham em uma equipe composta por tradutores, revisores e editores;
- A Fiberead cuida de tudo, desde escolher os tradutores, publicar, estabelecer os preços e escolher as categorias;
- Os autores são pagos via Paypal (o único método de pagamento até o momento).

Traduzione Libri

A Traduzionelibri.it é uma plataforma de participação nos direitos autorais nova, comandada por uma empresa italiana chamada Tektime. Há algumas línguas como o polonês e o árabe disponíveis nesta plataforma, que atualmente não estão disponíveis na Babelcube. Isso é uma boa notícia, até você perceber que muitos dos idiomas que eles oferecem não têm canais de distribuição naquela língua. Como você não consegue distribuir ou colocar a tradução em qualquer outro lugar durante a validade do contrato, isso é um grande problema. Espero que essa limitação seja resolvida em breve, mas no momento é difícil ver as vendas crescerem rapidamente.

A plataforma oferece uma participação nos direitos autorais iniciais maior para o tradutor que a Babelcube, então pode ser mais fácil conseguir tradutores sob este modelo de contrato, desde que os ganhos potenciais são melhores. A plataforma funciona exatamente como a Babelcube, incluindo o período de 5 anos de contrato.

No entanto, a plataforma é muito nova e ainda não foi muito testada, pois tem apenas alguns meses de vida neste momento. O site está em italiano com tradução para o inglês (verifique a parte inferior do site) e embora esteja funcionando, é claro que ainda estão trabalhando em algumas coisinhas. Se os canais de distribuição forem apurados para todas as línguas que a plataforma oferece, então será uma boa concorrente da Babelcube.

Até o momento, a Traduzione Libri oferece os seguintes idiomas:

Esperanto

Africâner

Malaio

Norueguês

Polonês

Romeno

Russo

Árabe

Cingalês

Eslovaco

Sueco

Tailandês

Turco

Espanhol

Albanês

Macedônio

Sérvio

Croata

Birmanês

Húngaro

Francês

Búlgaro

Alemão
Tcheco
Dinamarquês
Italiano
Holandês
Estoniano
Finlandês
Português
Grego
Japonês
Islandês
Indonésio
Chinês

Estou perplexa sobre como e onde ganharia dinheiro com uma tradução para o esperanto, mas nunca se sabe quando os mercados podem decolar.

Como funciona:

- Os autores fazem o upload de seus livros na plataforma da Traduzione Libri;
- Os tradutores fazem uma oferta para traduzir um livro e fornecem uma amostra da tradução para ser avaliada;
- Os autores podem complementar a porcentagem dos direitos autorais com um valor fixo opcional pago após a entrega da tradução.

Outros Sites de Tradutores

Se decidir que as plataformas de tradução com participação nos lucros dos direitos autorais não são para você e preferir lidar diretamente com tradutores, existem muitos locais onde pode encontrá-los. É raro, mas não é impossível, encontrar algum tradutor disposto a fazer um acordo com participação nos direitos autorais.

Aqui estão alguns sites comuns para encontrar tradutores:

Sites específicos de tradução

Proz.com

Este site é especialmente para traduções, sejam literárias ou não. É a maior rede global de tradutores e é provável que a maioria dos tradutores com treinamento formal ou experiência profissional tenha um perfil neste site. Você pode postar um trabalho de tradução ou procurar por tradutores para entrar em contato. Você também pode pesquisar um tradutor para verificar sua experiência e avaliações que recebeu de clientes anteriores. Também pode querer procurar por tradutores usando critérios específicos de seleção para começar, pois pode encontrar os sites e as informações de contato do tradutor. Além disso, é um bom lugar para verificar as tarifas adotadas para alguns idiomas. Eu o ajudarei com o desenvolvimento de um critério de avaliação de tradutores, que veremos em um capítulo posterior. Por enquanto, vamos falar dos sites e o que eles oferecem.

O Translator's Café é outro site similar ao Proz.

Sites gerais de freelancers.

Você também pode encontrar tradutores através de sites para freelancers como o Upwork (antigo Elance), embora deva estar ciente de que esse site normalmente leva uma parte significativa do valor total do trabalho. Isso significa que os tradutores precisam aumentar seus preços para cobrir a taxa ou trabalhar por menos dinheiro. Os melhores tradutores, com um bom portfólio de trabalho, geralmente, não trabalham por menos dinheiro, então em alguns casos, é melhor contratar o tradutor diretamente.

Estes sites utilizam sistemas de avaliação tanto para o 'comprador' quanto para o 'vendedor', então ambos são motivados a agir como bons parceiros comerciais.

Algumas vantagens de pesquisar em sites para freelancers são similares às vantagens das plataformas de participação nos lucros dos direitos autorais. Você tem uma terceira parte lidando com pagamentos ou litígios. Se algo der errado, o tradutor ainda tem interesse próprio em entregar conforme estipulado no contrato, caso queira receber uma boa avaliação e continuar trabalhando no site.

Outro lugar, que não tentei, mas que é usado por alguns autores é o Fiverr. Não recomendo esta via, porque a premissa é de que o site é para pequenos trabalhos no valor de 5 dólares. Você não encontrará muitos, ou mesmo algum tradutor profissional qualificado neste site. As traduções deste site são mais em torno de coisas como traduzir uma carta e não algo tão complexo como traduzir um romance.

Também já ouvi falar de autores que encontram tradutores no Craiglist, muitas vezes com uma tarifa favorável. Embora não conteste esses sites como lugares para encontrar freelancers de qualquer profissão, sinto-me mais confortável pesquisando tradutores em lugares especializados onde tradutores costumam frequentar.

Referências e Recomendações

Você também pode encontrar tradutores através de referências e recomendações de outros autores. Lembre-se que os padrões de outras pessoas são diferentes dos seus, então uma nota excelente de alguém pode não ser a mesma coisa conforme os seus padrões. Lembre-se também de que muitas pessoas evitam dar referências negativas porque mesmo que não estejam satisfeitas, não querem prejudicar as chances do tradutor em trabalhos futuros ou não querem uma referência ruim associada a elas.

Não importa se a referência seja boa, obtenha uma amostra do trabalho do tradutor e peça a outro tradutor profissional para avaliar esta amostra. No mínimo, tenha essa amostra avaliada por um nativo da língua que goste de ler o seu gênero literário e que resida ou que residiu recentemente no mesmo país da língua alvo.

Contrato direto com o tradutor

Se encontrar um bom tradutor literário, que seja bem recomendado, com excelentes referências de outros autores, talvez queira lidar diretamente com ele. Ou talvez já tenha feito uma tradução com ele no Babelcube ou em outra plataforma e decida trabalhar diretamente com ele em sua próxima tradução. Já fiz isso inúmeras vezes. É muito comum começar em uma plataforma de tradução e quando ficarem mais confortáveis um com o outro, decidirem trabalhar juntos diretamente, fora da plataforma, em seu próximo projeto.

Se você lidar diretamente, precisa ter o seguinte preparado:

- Um contrato com cláusulas similares aos das plataformas, especificando todos os detalhes, incluindo a jurisdição do contrato, quem detém os direitos (uma "prestação de serviço" no juridiquês do país do contrato) prazos de pagamento e datas principais (veja contratos de tradução no site de plataformas de tradução para exemplos);
- Qualquer questão fiscal (pagamentos, deduções, informativos etc.) deve ser considerada tanto para o seu país quanto para o país do tradutor.

Taxas, Pagamentos e Cronograma

Você pode decidir pagar um valor fixo ou somente participação nos direitos autorais ou uma combinação de ambos. Como o registro de informações pode rapidamente se tornar oneroso se pagar direitos autorais para múltiplos tradutores, estabeleça uma periodicidade de ocorrência dos pagamentos para que não precisem ser realizados com mais frequência que trimestralmente.

Também se certifique de que seu contrato especifique uma data de pagamento que ocorra *após* ter recebido o seu dinheiro. Por exemplo, pagar um tradutor 30 dias após a data da venda não funciona, porque a Amazon paga você 60 dias após o final do mês em que ocorre a venda. Você pagaria o tradutor com um dinheiro que ainda não recebeu. Além disso, qualquer tarifa de transação seria maior com pagamentos mais frequentes que com menos pagamentos em valores maiores.

Se decidir pagar um valor fixo ou o valor por palavra, as tarifas variam muito, então verifique todas as taxas cotadas com as tarifas exercidas no mercado para o idioma em questão, pois as tarifas do tradutor dependem da língua e da oferta/demanda para os serviços de tradução nesse mercado, a experiência do tradutor e os níveis salariais do país. Você pode ter uma ideia das tarifas exercidas no site Proz.com.

Os tradutores normalmente cobram por palavra, por exemplo, valores baixos como US$0,02 centavos de dólar até valores altos como US$0,15 centavos de dólar. Para um romance com 80.000 palavras, seria algo em torno de US$1.600 a US$12.000 por livro. É uma margem de diferença muito grande e um investimento significativo, por isso recomendo não somente verificar as tarifas de mercado, mas tentar a opção com participação nos direitos autorais primeiro para ter uma boa noção de como as coisas funcionam.

Embora eu tenha começado com o acordo de participação nos direitos autorais, muitas das minhas traduções têm sido realizadas com base nos valores fixos. Depende de vários fatores. Se houver uma demanda alta por tradutores literários em um determinado idioma, eles podem ter muito trabalho com o valor por palavra e não estarem dispostos a trabalhar por uma participação nos direitos autorais.

Prefiro fazer a participação nos direitos autorais diretamente com o tradutor. Deixa mais dinheiro para dividir com o tradutor e me dá mais controle sobre os meus livros em termos de preço e outras coisas. Também incentiva o tradutor a ajudar com o que for preciso para que o livro seja um sucesso. Ele não precisa fazer muito, mas é mais fácil pedir a um tradutor que traduza o material de marketing para divulgação quando ainda está se relacionando com ele através de pagamentos dos direitos autorais.

Contudo, tome cuidado, um acordo direto pode ter muitas armadilhas. Se o tradutor não entregar o trabalho ou entregar um produto ruim, você tem poucas opções. Outra desvantagem é a quantidade de registro de informações envolvida. Você precisará registrar e remeter direitos autorais a cada tradutor, o que pode rapidamente se tornar muito serviço se estiver trabalhando com vários tradutores.

Finalmente, uma razão, muitas vezes esquecida, a ser considerada caso queira colocar seu livro no programa exclusivo da Amazon, o *KDP Select*: é que não será possível fazer isso com uma tradução na Babelcube ou em qualquer outra plataforma de tradução, pois seu livro é automaticamente distribuído em dezenas de lojas, além da Amazon, e não há como optar por não querer isso.

Seja qual for o acordo de pagamento que escolher, minha recomendação é começar de forma pequena e ter um livro ou um conto traduzido antes de se comprometer com apenas um caminho.

6

O QUE EXATAMENTE UM TRADUTOR FAZ?

U m bom tradutor é uma ponte entre mundos. Ele molda nossas palavras em um novo idioma, traduz e transforma nossa história em uma nova língua sem perder o significado original. Através dos meus tradutores e traduções, sinto-me conectada globalmente de forma que nunca senti antes.

Traduzir de uma língua para outra parece algo que qualquer pessoa bilíngue consegue fazer, certo? Não, exatamente. Traduzir um romance não é tão simples como transmitir informações em outro idioma. Um bom tradutor mantém toda a paixão de um romance e toda a tensão de um suspense, capturando as palavras e a voz do autor assim como o estilo de escrita específico do gênero literário. Na verdade, é muito mais difícil do que parece. Eles começam com o seu livro e o reescrevem em uma nova língua, mantendo intacta a voz, o estilo e a intenção do autor. O leitor do livro traduzido deve passar pela mesma experiência de leitura que teria se estivesse lendo a história no idioma original.

Assim como a maioria dos seus amigos é fluente em seu idioma de origem, no meu caso o inglês, poucos deles ou quase nenhum é capaz de escrever um livro. Você quer um tradutor literário que possua as habilidades de escrita e de linguagem. O tradutor não somente tem um excelente comando de ambas as línguas, mas também compreende literatura. Só porque alguém entende o que você quer dizer, não é garantia de que saberá interpretar e transmitir suas palavras, sua voz e a emoção do mesmo modo para um público diferente. A tradução se assemelha a muitas profissões das quais frequentemente só vemos a superfície de 5% do que a pessoa faz e não os outros 95%.

Muitos tradutores lerão o livro primeiro, de capa a capa, antes de decidirem traduzi-lo. Ao aceitarem o trabalho, farão diversos rascunhos. Primeiro, um rascunho para esboçar tudo no papel, por assim dizer. Após completarem o primeiro rascunho, eles fazem uma pausa e deixam a tradução descansar um pouco. Depois fazem mais alguns rascunhos antes do livro ficar pronto. É quase como escrever um romance, não é mesmo?

Na verdade, é basicamente o que estão fazendo, exceto que você já forneceu o enredo, os personagens e o ritmo do trabalho. Um bom tradutor manterá sua voz e estilo narrativo. Alguns tradutores são tão bons que conseguem tornar a versão traduzida ainda melhor que o livro original.

Existem premiações anuais de tradução literária, incluindo o Prêmio Internacional *Man Booker* para o melhor livro traduzido. Os melhores tradutores são requisitados e, claro, que merecem tarifas altas por seus trabalhos. Esses tradutores, provavelmente, estão acima dos nossos orçamentos, mas todos começaram em algum lugar. Há muitos bons tradutores literários a um custo razoável neste campo altamente especializado. Talvez um deles seja um futuro ganhador do Prêmio Internacional *Man Booker,* em espera.

Muitos tradutores experientes estão procurando uma oportunidade para entrar no campo da tradução literária e estão dispostos a trabalhar por menos para ganhar experiência.

Muitos novos tradutores provavelmente são leitores ávidos do seu gênero literário e compensam sua inexperiência com uma sensação intuitiva do que funciona para o seu livro em específico.

Por outro lado, escolher o tradutor errado pode ter um impacto duradouro em sua carreira como autor. Uma tradução ruim é algo que pode prendê-lo para sempre, então é fundamental que faça sua pesquisa. Uma tradução pobre reflete em você e em sua marca como autor. É muito difícil desfazer, então desejará fazer bem feito. Um leitor desapontado não continuará a ler seus livros. Pior ainda, pode até dizer a outras pessoas para não lerem.

Também leva tempo para um tradutor produzir uma tradução de qualidade. Traduções são caras e por uma boa razão. Há muito tempo e esforço envolvido. Entretanto, sempre há tradutores procurando ganhar experiência no crescente campo da tradução literária e eles podem ser flexíveis quanto à compensação. Você pode fazer acordos que beneficiem ambas as partes.

Porém, desejará ser honesto com o seu futuro tradutor sobre o potencial de ganho do seu livro, principalmente se estiver planejando fazer um contrato com participação nos direitos autorais. As vendas unitárias podem ser enganosas, especialmente se forem downloads gratuitos ou vendas por 0,99 centavos. Tente dar ao tradutor uma estimativa da receita obtida em sua língua fonte (inglês, no meu caso) deixe-o usar isso como um ponto de partida para comparar.

Muitas pessoas, incluindo os tradutores, trabalham sob a suposição de que um *best-seller* é garantia de boas vendas em outras línguas. Certamente aumenta as chances, mas nada é garantido. Embora livros populares tragam muito lucro, isso nem sempre ocorre em um curto período de tempo. Você pode fornecer estimativas abrangentes de todas as suas expectativas, mas seja franco com o tradutor sobre o que esperar em termos de dinheiro e tempo.

É óbvio que as vendas dependem da qualidade da própria tradução.

Quando encontrar um bom tradutor, estabeleça uma parceria de longo prazo para trabalharem juntos em livros futuros. Também é importante garantir que tenha um bom canal de comunicação com o tradutor. A falta de comunicação pode ser um sinal preocupante de que as coisas não estão bem.

Eu tive uma primeira experiência ruim com uma tradutora que, a princípio, me deu uma amostra tradutória muito boa. Prossegui e assinei o contrato, mas ela perdeu inúmeros prazos e não respondeu meus e-mails durante meses. Quando ela finalmente respondeu, deu uma série de desculpas e as coisas não progrediram. Embora tentasse ser flexível, senti-me desconfortável com a falta de comunicação e a evasão.

Não me importo com pequenos atrasos, porque compreendo que a maioria dos tradutores tem empregos paralelos. A vida fica caótica, às vezes. O mais importante, para mim, é uma tradução de qualidade, que não é feita com pressa. Mas esta tradutora me enganou, então comecei a questionar o próprio trabalho de tradução.

Eu fiz tudo certo, verifiquei o histórico da tradutora e também as avaliações, até mesmo referências de outros autores. Esta tradutora foi altamente recomendada por outro autor, que teve inúmeros livros traduzidos por ela, então queria ser compreensiva quanto às circunstâncias que ela estava passando.

Mas os meses passaram e os prazos foram perdidos inúmeras vezes. Meu instinto dizia que a tradução não aconteceria. Esgotei todas as opções, a não ser a quebra do contrato. Não queria fazer isso, então pedi que me enviasse o texto que havia traduzido até o momento e após muitas desculpas e atrasos ela finalmente o enviou. Fiquei chocada ao descobrir que ela havia usado o Google Tradutor para o resto do livro, algo que rapidamente faria com que o livro ganhasse muitas críticas literárias negativas de muitos leitores irritados.

Até hoje, não entendo por quê ela fez isso, pois sob o contrato de participação nos lucros, com validade de 5 anos, perderia muito com uma tradução ruim, assim como eu. Claro, eu perderia muito mais, porque meus direitos estariam atados a ela por 5 anos. Não somente eu perderia leitores, mas não conseguiria publicar meu livro em nenhum outro lugar até o contrato expirar. Minha reputação como autora naquele idioma estaria prejudicada e o livro receberia críticas literárias ruins. Felizmente, fui capaz de terminar o contrato com sucesso, sem nenhuma ação judicial. Embora pudesse processá-la por violação de contrato, preferi investir o tempo e a energia em outro lugar, como escrever meu próximo livro.

Aprendi uma lição valiosa de que as coisas podem dar errado mesmo com alguém que é altamente recomendado e que nunca é uma má ideia seguir sua intuição. Seja qual for a razão, a tradutora não realizou um trabalho com o mesmo nível de qualidade que tinha feito para o outro autor que a recomendou. Os resultados passados nem sempre são garantia de resultados futuros, então, certifique-se de sempre fazer suas próprias avaliações, independentes das amostras de tradução e das excelentes recomendações.

No próximo capítulo falaremos sobre como escolher e avaliar um tradutor para garantir que você não cometa o mesmo erro que eu.

7

COMO ESCOLHER E AVALIAR UM TRADUTOR

Seguir algumas orientações simples pode reduzir rapidamente suas escolhas para encontrar as pessoas mais qualificadas e começar a traduzir.

A Comunicação é Fundamental

É de importância vital estabelecer um bom relacionamento com o tradutor. Afinal, é a interpretação do tradutor que ajudará sua história a fazer sucesso ou fracassar. Além da qualificação técnica e estilo de trabalho do tradutor, precisará ter uma comunicação aberta e honesta e estar alinhado à frequência e o tipo de comunicação durante o processo. Você quer alguém que entre em contato regularmente com perguntas ou alguém que complete o projeto inteiro de forma independente? Não existe uma resposta certa ou errada, mas você pode evitar mal-entendidos se ambos tiverem expectativas semelhantes sobre o processo desde o início.

Nativo do Idioma

Conforme mencionei anteriormente, os tradutores referem-se à língua para a qual traduzem como "língua alvo". O idioma do seu livro original é considerado "língua fonte".

Não precisa dizer que o tradutor deve ser fluente na língua fonte e, de preferência, deve ser nativo na língua alvo, com algumas exceções. Também devem residir no país da língua alvo ou ter morado lá nos últimos 5 a 10 anos. As línguas estão sempre mudando e expressões entram e saem de moda. Você não quer que seu livro tenha vocabulário obsoleto, porque o tradutor não reside no país há 30 anos.

Também tenha cuidado com alguém que se diz fluente em muitos idiomas. Embora tenham alto nível de fluência em todos eles, provavelmente há apenas uma ou talvez duas línguas em um nível de proficiência alto o suficiente para realizarem uma boa tradução literária.

Nativos de um Idioma x Não-nativos Fluentes em um Idioma

Embora você provavelmente conheça pessoas que são completamente fluentes em seu idioma, se não são nativos do idioma, talvez tenha percebido que há expressões idiomáticas ou palavras que não conhecem ou não usam com frequência. Isso não é um problema na vida cotidiana e nos negócios, mas em literatura é, muitas vezes, matizado de forma que somente um nativo da língua entenderia.

Isso não significa que não haja tradutores que falem o alemão como segunda língua que farão uma excelente tradução, somente que são poucos e raros. Normalmente, as exceções são aqueles que cresceram em uma casa e escola completamente bilíngue. Com certeza, você pode escolher um tradutor não-nativo, mas precisará ter o dobro de cuidado para garantir que ele tenha um alto nível de compreensão do idioma. Como não tenho habilidades para fazer essa avaliação, apenas uso tradutores nativos.

Principalmente para livros de ficção. Além de traduzir sua história para outra língua, o tradutor também está capturando a essência e o tom da história, assim como o ritmo e o gênero literário. Se você escreve um romance, desejará encontrar um tradutor que esteja familiarizado com o gênero. Você quer que o tradutor capte não somente as palavras, mas também a jornada emocional e a tensão romântica entre os personagens. De preferência, o tradutor será um ávido leitor de romances, para que aprecie suas escolhas palavras específicas, o ritmo, o tom e possa reproduzi-los em suas escolhas vocabulares e estrutura frasal. Você quer que o tradutor "entenda" a sua história. Você quer que um falante nativo do alemão que está lendo a tradução do seu livro em alemão desfrute da mesma experiência que um leitor que lê a versão do livro no idioma original.

Qualificações Técnicas

As qualificações do tradutor variam bastante conforme o país. Alguns possuem qualificações e testes padrões e muitos países oferecem cursos universitários avançados em tradução. Geralmente procuro por um diploma de mestrado em tradução literária ou o equivalente.

A tradução literária é uma arte e exige o mesmo toque criativo que escrever um livro. Suspeito que possa até ser mais difícil em alguns aspectos, pois um tradutor deve permanecer dentro dos contornos que o autor estabeleceu ao recriar o mundo da história para transmitir a mesma emoção e sentimento em uma cultura e língua diferente. O tradutor é a ponte entre os dois mundos.

Acredito que as qualificações sejam um bom ponto de partida, mas assim como existem muitos tipos de escritores, também há muitos tipos de tradutores. Os tradutores podem se especializar em documentos jurídicos, transcrições médicas e outras áreas não relacionadas ao mundo literário. No entanto, o tradutor mais proficiente tecnicamente pode não ser a melhor opção para o seu romance. Você precisa de um equilíbrio entre a proficiência técnica e a habilidade literária. Os tradutores que leem o seu gênero podem ser bons achados.

A fluência em mais de uma língua não é garantia que interpretem suas palavras com a mesma intenção e emoção. Como uma autora descobriu, seu romance traduzido para o espanhol estava tecnicamente perfeito. Entretanto, faltou o mesmo suspense e intensidade porque as palavras que o tradutor usou não eram exatamente as que a autora escolheria.

Por exemplo, "ele engoliu água" foi traduzido como "ele bebeu água" e "ela desceu o beco correndo" ficou "ela correu pela rua". Embora a tradução em cada exemplo esteja correta, com certeza é menos emocionante. Em um suspense, esta poderia ser a diferença entre ler uma história que te deixa preso ao livro ou sem querer virar a página.

É muito importante que o tradutor compreenda as nuanças das suas escolhas vocabulares, porque ele está basicamente reescrevendo o seu livro para um público novo.

Claro, sempre há exceções às regras. Na verdade, dois dos meus melhores tradutores não possuem nenhuma das qualificações citadas acima. Nenhum dos dois tem instrução formal em tradução, mas são autores. Nenhum escreve no meu gênero literário, mas como escritores, compreendem o gênero e as nuanças das escolhas vocabulares que são típicas de cada gênero. É raro encontrar autores completamente bilíngues que também são tradutores, mas existem alguns.

Outra vantagem do autor-tradutor é que, provavelmente, ele também terá experiência em redes sociais e estará conectado ao seu gênero ou pelo menos terá conhecimento sobre o mercado de livros e as oportunidades de divulgação em seu idioma e país. Pode ser um importante aliado na comercialização da sua obra. Falaremos mais sobre isso depois.

Como Avaliar

Você não fala nem lê uma palavra em alemão, então, como pode avaliar a qualidade de uma tradução em alemão? Felizmente, há várias formas fáceis de reduzir sua lista para poucos tradutores. O processo de avaliação pode ser demorado, mas o esforço para encontrar um bom tradutor vale a pena. Espero que desenvolva um relacionamento duradouro com o tradutor e que trabalhem juntos em muitos outros livros.

A avaliação começa antes mesmo de você receber uma amostra do tradutor. A análise é de extrema importância e é a razão pela qual eu gosto de escolher meus tradutores, em vez de esperar que eles me façam uma oferta para traduzir o meu livro. Ao empregar alguns critérios de seleção, provavelmente posso excluir 98% dos tradutores listados em um site como o Babelcube. Requer um pouco de esforço, mas vale a pena porque também há muitos tradutores talentosos no site.

Avaliação

A Biografia do Tradutor

Onde quer que encontre o tradutor, ele provavelmente forneceu uma síntese biográfica na língua fonte. Eu leio a síntese, procuro as qualificações que mencionei anteriormente e também procuro por qualquer erro de ortografia ou de gramática.

Se houver algum erro, provavelmente ele não é completamente fluente na língua fonte ou escreveu sua síntese com pressa. Seja qual for o motivo, o excluo imediatamente, porque não quero terminar com o mesmo resultado em meu livro por falta de fluência ou ausência de atenção aos detalhes.

Você também pode notar frases que representam a estrutura correta de uma oração na língua alvo, mas parecem um pouco estranhas na língua fonte, que no meu caso é o inglês. A frase parece um pouco diferente... talvez até seja encantadora em outro contexto.

Minha tendência seria perdoar essas diferenças linguísticas em inglês, pois estarão corretas na língua de destino. Mas um tradutor profissional fluente e bilíngue corrige essas idiossincrasias, então hesite contatar qualquer pessoa que não as corrija. Eles entenderam completamente as nuanças no texto original? Lembre-se, você está apenas verificando um pequeno resumo. Quais são as chances de que algo seja traduzido de forma errada em um romance inteiro?

Eles podem produzir uma tradução maravilhosa, mas se não forem 100% proficientes na língua fonte do livro, sempre há a possibilidade de que possam interpretar mal ou traduzir algo errado. Mesmo que seja uma chance pequena, não quero correr o risco.

As Credenciais do Tradutor

Os tradutores geralmente trabalham em um ou mais pares de idiomas e, de preferência, são fluentes na primeira língua (língua fonte) e falantes nativos da segunda língua (língua alvo). As línguas fonte e alvo expressadas juntas são denominadas par linguístico.

Geralmente, um tradutor expressa seu par linguístico de forma abreviada. Um tradutor que traduz do inglês (*English*) para o alemão (*Deutsch*) expressa seu par linguístico como EN-DE, que usa o padrão ISSO 639-2 para códigos linguísticos.

Também existem muitos tipos de tradutores. Você desejará usar um tradutor literário sempre que possível, porque eles têm formação especializada em tradução e em literatura. A capacitação varia de país para país, mas o padrão de ouro é um mestrado em tradução literária. Se eles tiverem experiência em trabalhar para uma editora, melhor ainda, porque terão experiência em padrões editoriais e talvez já tenham traduzido muitos livros.

Alguns países possuem qualificações específicas para tradutores. Por exemplo, no Brasil, a ABRATES (Associação Brasileira de Tradutores), fornece credenciamento nacional ao tradutor que passar em um teste de proficiência em tradução. Nos Estados Unidos, o tradutor pode ser um membro da Associação Americana de Tradutores (ATA - *American Translators Association*). Isso garante um padrão básico de habilidade técnica, pois o tradutor tem que passar em testes específicos. É uma avaliação de competência de nível básico, então a use como um ponto de partida em seu processo avaliativo.

Embora credenciais e experiência não sejam garantia de traduções de qualidade, alguns profissionais alegam que o tradutor corre o mesmo risco em termos de credibilidade que o autor. Eles não querem uma avaliação ruim para manchar sua reputação e afastar clientes.

Tradutores profissionais geralmente têm perfis em sites como o LinkedIn, Facebook e sites de tradutores, como o Proz.com. Geralmente, listam suas credenciais nestes sites, provavelmente em mais detalhes que em lugares como o perfil da Babelcube. Esses sites também possuem avaliações de clientes, recomendações e mais detalhes sobre o histórico de trabalho com tradução.

Os tradutores também podem completar questionários nesses sites de tradução para demonstrar sua proficiência na língua. Verifique se fizeram algum teste e qual foi a pontuação. Também investigue as pessoas que deixaram críticas ou recomendações para verificar se realmente trabalharam para eles ou não. Em alguns casos, já vi avaliações de tradutores que foram deixadas por outros tradutores, então verificar quem fez a avaliação é uma boa ideia.

Falta de histórico não significa que um tradutor não seja qualificado, mas também não fornece informações adicionais para verificar.

É importante fazer a verificação. A última coisa que você quer são críticas literárias ruins devido a uma tradução pobre. O nome que os leitores se lembram é o seu e não o do tradutor. Uma experiência ruim significa que eles provavelmente não comprarão seus livros outra vez.

Resultados e Experiência Comprovada

O ideal é escolher um tradutor experiente, que já traduziu livros que venderam bem o suficiente para terem críticas literárias. Verifique em livrarias virtuais como a Amazon, Barnes & Noble, Kobo, Apple e Google Play os livros traduzidos por este tradutor. Lembre-se de procurar no site de língua estrangeira, em vez do site em inglês. Para um tradutor alemão, procure na loja alemã da Amazon (Amazon.de), em vez de procurar na loja americana, pois terá mais chances de encontrar as avaliações de clientes lá.

As críticas podem ser enganosas, então é preciso um pouco de análise para averiguá-las. Um sinal de alerta, para mim, é a menção da tradução na avaliação do cliente. Qualquer comentário sobre traduções pobres pode ser razão para investigar mais, porque a tradução deveria ser invisível para o leitor e nunca puxá-los para fora da história. Se for uma boa tradução, o leitor nem mesmo mencionará o trabalho de tradução.

Variações Regionais

Como mencionei anteriormente, muitas línguas possuem dialetos diferentes e você preferirá uns em vez de outros, baseando-se na popularidade global, assim como no mercado que está almejando. O espanhol é um bom exemplo.

É tão importante que quero ressaltar isso aqui. O espanhol falado na Espanha difere do espanhol falado no México. O espanhol mexicano também é diferente do espanhol da America do Sul. Algumas pessoas podem dizer que a tradução está ruim, mas simplesmente pode ser devido a variações no dialeto. Pode ser injusto, mas é a realidade e você não quer seu livro recebendo críticas ruins de clientes ou índices de venda baixos por causa disso.

Procure dialetos diferentes e decida qual/onde se concentrar. O espanhol falado e escrito na Espanha é muito diferente do espanhol na América Latina, por exemplo. Existem ainda diferenças entre o espanhol da América do Sul e o espanhol mexicano. É extremamente importante que você escolha o tradutor adequado para o mercado certo.

O espanhol europeu é mais aceito na América Latina que em outros lugares ao redor do mundo. Não é que as diferenças não sejam compreendidas, mas quando algo é escrito de forma diferente do seu dialeto, realmente pode puxar você para fora da história. E, às vezes, há palavras que são conhecidas em uma região e não em outra. Por exemplo, há muitas palavras britânicas que não são usadas pelos americanos.

Se seu livro é um sucesso de vendas mundial, então você pode produzir várias traduções para tratar essas diferenças em dialetos. Caso contrário, precisa encontrar um meio-termo e fazer uma escolha consciente para priorizar o dialeto de um idioma em vez de outro.

Em espanhol, por exemplo, eu prefiro usar traduções para o espanhol europeu em vez do espanhol mexicano. Um bom tradutor espanhol tentará diminuir as diferenças para produzir uma tradução "neutra", mas sempre haverá opções de palavras que, de uma forma ou de outra, exigem uma escolha. A tradução não será ideal para todos os mercados, mas agradará mais se for aceita pela maior parte dos leitores em outros dialetos.

Não é viável ter uma tradução para cada dialeto, então escolha o dominante. Nem sempre baseamos a escolha no mesmo critério, então peça recomendações a alguns nativos do idioma.

O português é um pouco diferente. Escolhi traduzir para o português brasileiro porque ele representa um mercado grande em comparação ao português europeu. Estou ciente de que esta escolha provavelmente aliene alguns leitores do português europeu, mas optei por concentrar-me no que acredito ser o mercado mais rentável dos dois.

Também escolhi o francês europeu, sabendo que minha escolha pode não ser atraente para os leitores do francês canadense (por si só um mercado considerável). Eu sei que cada mercado tem considerações socioeconômicas que devem ser pesadas e minhas decisões têm compensações.

Outros autores podem decidir de forma diferente, com base nos mercados que almejam e suposições, então, embora o meu palpite se aplique aos meus livros, talvez não seja a melhor estratégia para você.

Avaliação de Críticas Literárias de Livros Traduzidos

Mesmo boas críticas de traduções podem ser problemáticas. Assim como acontece com qualquer livro, às vezes, as críticas foram deixadas por amigos ou parentes do tradutor, que estão apenas tentando ajudar o livro a começar com o pé direito. Geralmente, mencionam coisas como: "uma ótima tradução". A maioria dos leitores nunca pensa na tradução, então qualquer crítica de cliente que mencione como a tradução está fantástica deve ser ignorada.

Presença Virtual

Você também desejará pesquisar informações sobre o tradutor para verificar que tipo de presença virtual ele possui. Uma presença profissional como um site é um bom sinal e também pode fornecer mais informação sobre as áreas de especialidade e as tarifas adotadas.

Também é uma boa ideia verificar as várias associações nacionais de tradutores, como a Associação Americana de Tradutores (ATA - *American Translators Association*), para ver se o tradutor é membro. A afiliação a uma associação não é uma medida de qualidade, mas indica padrões mínimos específicos. Alguns sites como o Proz.com também possuem avaliações de tradutores baseadas em proficiência linguística nos vários testes de idiomas que eles oferecem. Seguir esses passos pode reduzir bastante a sua busca.

Avaliação de uma Amostra Tradutória

A maioria das plataformas de tradução funciona de forma semelhante. O tradutor fornece uma amostra de tradução bem pequena ao autor. Se o autor aceitar, o tradutor então produz uma amostra maior, normalmente cerca de 10 páginas. Não precisa ser as primeiras 10 páginas do livro e alguns autores fornecem uma amostra de 10 páginas do meio do livro que possuem termos e expressões específicas que podem ser difíceis ou apresentam muitas variações.

Depois de obter a amostra, encontre um leitor que seja nativo da língua alvo. Preferencialmente um leitor ou autor do seu gênero literário, que possa avaliar se a leitura da tradução flui bem e confirme se está bem escrito por si só e se é fiel ao tom e estilo do texto original.

Isso é um pouco complicado, porque como você pode dizer se o avaliador é qualificado para julgar se o trabalho de tradução é de qualidade ou não? Se o avaliador também for um tradutor literário com boas avaliações de clientes e muita experiência, então você geralmente pode acreditar em sua palavra.

Mas como você está apenas começando, é provável que não conheça outros tradutores literários. Lugares úteis para encontrar avaliadores são os grandes fóruns de autores ou lugares onde autores frequentam. É possível que haja autores multilíngues, que tenham conhecimento no mesmo par linguístico. Eles podem avaliar a gramática, a escolha vocabular, a qualidade geral da amostra de tradução e se está ou não fiel ao original.

Você também pode encontrar um segundo tradutor para avaliar a amostra em sites como o Proz ou o Upwork. Certifique-se que o avaliador tenha, pelo menos, o mesmo nível de experiência que o seu possível tradutor. É meio que uma sinuca de bico se não souber o idioma. É por isso que é tão importante verificar as credenciais do tradutor como evidência objetiva de sua competência.

Se estiver pedindo a um amigo para avaliar a sua amostra, prossiga com cuidado caso a língua alvo não seja o idioma nativo dele ou se ele não morar no país do idioma há bastante tempo. A menos que seja um leitor ávido na língua alvo e do gênero literário, sua avaliação pode enganar você.

Se possível, tente conseguir diversas opiniões sobre a qualidade da tradução. Seja específico sobre o que está pedindo para ser verificado. Você quer garantir que a tradução não seja literal, e sim uma tradução que capte o tom e a emoção do texto original. Seu livro é uma forma de entretenimento e embora o livro precise transmitir o significado, ele também precisa replicar a paixão do romance ou o horror eletrizante da sua história de terror.

Você pode ignorar pequenos erros tipográficos até certo ponto, caso tenha escolhido trabalhar com uma equipe de tradutores, pois o livro final será revisado por um segundo tradutor. Por outro lado, um tradutor que fornece uma amostra de seu trabalho sem revisar cuidadosamente pode ser motivo de preocupação. Você quer um tradutor que coloque o mesmo nível de cuidado e atenção que você coloca em seu trabalho, porque sua reputação depende disso.

Todos esses processos de avaliação levam tempo, mas valem a pena. Se terminar com uma tradução ruim porque não avaliou o tradutor, as implicações podem ser significativas e permanentes.

Se pagasse um valor fixo pela tradução, então estaria sem dinheiro. Mas se optar por um acordo com participação nos lucros dos direitos autorais e aceitar a tradução, então está obrigado a publicar o livro com o seu nome e a marca de autor. Também está preso a um contrato de muitos anos com o tradutor original pela duração do contrato e não pode voltar atrás ou refazer a tradução com outro tradutor até a validade do contrato expirar.

Lista de Verificação Para a Avaliação do Tradutor

Eu utilizo a seguinte lista de verificação para avaliar tradutores. Sempre há exceções às regras, mas esta lista reduz o número de possíveis tradutores para candidatos que satisfazem padrões mínimos específicos:

- Credenciamento profissional, como afiliação em uma associação de tradutores profissionais, por exemplo a Associação de Tradutores Americanos (ATA - *American Translators Association*) ou o equivalente no país do tradutor. Dependendo do país, a associação pode ou não indicar que o tradutor passou em testes de proficiência. Entretanto, o credenciamento já indica que o tradutor é sério em seu trabalho e carreira;

- Instrução formal, como um bacharel ou mestrado em tradução. Lembre-se de verificar a nomenclatura equivalente ao curso em cada país. Às vezes, os nomes são diferentes, como filosofia na França, por exemplo;
- A língua nativa do tradutor é a língua alvo e o tradutor possui um nível de fluência na língua fonte equivalente a um grau universitário (no mínimo o nível de leitura exigida pelos seus livros);
- O perfil do tradutor na língua fonte está bem escrito, sem erros ortográficos ou gramaticais no perfil do site e em suas comunicações subsequentes;
- Credenciais profissionais comprovadas, como afiliação em associações de tradução, avaliações de clientes ou participação no Proz.com, por exemplo;
- Experiência prévia em tradução literária e boas críticas literárias on-line sobre as obras traduzidas;
- Avaliações de outros autores. Dica: leia nas entrelinhas;
- Menção da qualidade da tradução na avaliação de leitores. Eu rapidamente rejeito essas avaliações, porque uma boa tradução não deveria ser notada. O comentário da avaliação indica uma má tradução ou no caso de uma boa tradução, uma avaliação falsa;
- O tradutor está envolvido em muitos projetos (pode afetar a qualidade e o prazo);
- O interesse do tradutor no seu trabalho. Percebi que tradutores que só traduzem alguns gêneros específicos ou querem ler o seu livro antes de tomar uma decisão são os melhores tradutores. Eles somente aceitam projetos que lhes interessam e que acreditam que farão bem feito. Em minha opinião, isso demonstra profissionalismo;

- Local onde o tradutor reside. Se estiver longe do país de origem por muitos anos (onde o idioma é falado), talvez não esteja atualizado em relação às expressões, gírias e jargões mais recentes. Talvez isto seja mais importante em um romance contemporâneo que em uma ficção histórica, então pondere conforme o caso;
- Amostras de traduções são importantes, mas com algumas ressalvas. Você pode encontrar um leitor para verificar se há erros gramaticais ou erros na tradução. Ter um amigo que fale a língua ajuda, mas se ele não lê muito no idioma ou no gênero literário, você não necessariamente saberá se está bem escrito ou não. Pode avaliar a tradução, mas nunca como critério único;
- Confie em seus instintos. Às vezes, as pessoas parecem ser ótimas nos perfis, mas sua intuição diz o contrário. Siga esse sentimento.

8

PUBLIQUE O SEU LIVRO TRADUZIDO

Revisar e Publicar

Título

Consulte o tradutor para escolher o título. Você não quer uma tradução literal, e sim uma tradução que não somente capte a essência do livro e atraia os leitores, incitando-os a comprar a obra, como também algo que descreva o gênero literário. Os gêneros e as categorias muitas vezes diferem em outras línguas, então confira as grandes plataformas de venda na língua alvo e verifique como agrupam os livros. Além disso, em muitos idiomas, o subtítulo é o gênero. Suspenses franceses muitas vezes recebem o subtítulo "policial/suspense", os alemães são "suspense" e assim por diante.

Uma consideração importante é se deve ou não incluir metainformação no título e no subtítulo. Vale a pena explicar ao tradutor as vantagens de incluir os principais termos de pesquisa, mas recomendo que forneça exemplos específicos e, de preferência, amostras e as compartilhe com o tradutor para que ele possa ter uma noção dos melhores termos. Em vez de oferecer um título e um subtítulo, forneça algumas escolhas que contenham a metainformação desejada e peça ao tradutor que explique porque são ou não adequadas. Ter as palavras-chaves certas no seu título e subtítulo faz uma grande diferença na descoberta do seu livro, então você quer aproveitar isso ao máximo, sempre que possível.

Não estou dizendo que você deve ter um título com 60 palavras e que incorpore cada termo de busca que possa pensar. Isso deprecia o visual do livro. Mas se o seu livro for um romance, pelo menos inclua a palavra "romance" e o subgênero no subtítulo e use o mesmo estilo que os outros livros do gênero.

Devem ser termos adequados usados na língua, pois as categorias variam com o idioma. Para traduções francesas do seu romance contemporâneo, por exemplo, verifique lojas francesas como a fnac.com e a Amazon.fr e veja como os livros são categorizados. Incorpore os nomes das categorias mais compatíveis como parte do seu subtítulo e você acaba de adicionar mais uma forma dos leitores de romances franceses encontrarem o seu livro.

Também recomendo discutir as metas de capacidade de localização do título com o tradutor desde o início. Eles ganham tempo para pensar sobre o título enquanto traduzem o livro. Um bom tradutor encontrará um título que não somente aparece nos resultados de busca, mas atrai o leitor e transmite a experiência de leitura que obterá.

Manuscrito

Independente do acordo da tradução, você precisa seguir os mesmos passos para formatar e preparar o seu livro para a publicação. Certifique-se que o texto formatado contenha os caracteres específicos da língua alvo, como os acentos. A pontuação e o espaçamento também podem variar em outras línguas. Seja muito cauteloso ao copiar e revisar o seu manuscrito para garantir que não modifique nada acidentalmente.

Não se esqueça de colocar o nome do tradutor como contribuidor abaixo do nome do autor, assim como listá-lo como contribuidor na plataforma de publicação ao publicar o livro.

Capa

Você precisará de uma nova capa. Editoras tradicionais frequentemente elaboram capas diferentes para cada mercado importante, de acordo com as preferências locais. A capa de um romance americano pode ser mais explícita que a capa para o mesmo romance no Reino Unido, por exemplo. Editoras adaptam as capas para apelar ao gosto local.

Como autor independente, você só tem a opção de fazer o upload de uma capa por livro, a menos que crie duas edições diferentes. Provavelmente isso não será necessário por razões de marketing.

No entanto, às vezes as capas são alteradas para respeitar valores mais conservadores ou mesmo leis em outros países. A menos que você tenha uma capa ousada em seu livro do gênero erótica ou tem imagens políticas explícitas em uma história de guerra, é provável que você não precise se preocupar em fazer mudanças.

Na maioria dos casos, você pode manter a mesma imagem e somente mudar o escrito da capa para a língua estrangeira. O designer da capa provavelmente fará isso de graça ou por um valor muito pequeno.

Se estiver publicando brochuras, precisará mudar a largura da lombada do livro para ajustá-la a um número maior ou menor de páginas na versão traduzida.

Publicação

Além de verificar se os caracteres específicos do idioma foram mantidos no livro formatado, precisará verificar se o título e as metainformações foram reproduzidas corretamente, por exemplo, os acentos específicos da língua no campo de descrição e títulos em cada plataforma de venda.

Mesmo quando os campos para entrada de dados aparecem corretos, eles podem perder a formatação quando realmente publicarem no site de vendas, então verifique tudo novamente após a publicação do livro.

Eu descobri que o *CreateSpace,* às vezes, não reproduz os acentos em francês e outros títulos. Parece que algumas vezes funciona e outras não. É muito importante que o título esteja correto para que apareça de forma certa nos resultados de busca quando as pessoas procurarem. Se encontrar algum erro estranho de formatação da língua no seu título e não conseguir corrigir, após algumas tentativas, entre em contato com o *CreateSpace* e peça-os para retificar.

Além disso, não há diferenças de formatação e conversão de arquivos para o seu livro traduzido.

Estratégia de Lançamento

É uma boa ideia discutir sua estratégia de lançamento e cronograma com o tradutor, para verificar se ele pode ajudar ou pelo menos fornecer *feedback* sobre os seus planos. Outra área para pedir assistência é a tradução do material de divulgação se estiver planejando fazer qualquer publicidade, como anúncios no Facebook, por exemplo. Se você ou o tradutor conhece algum blog de livros, recomendo entrar em contato e oferecer um brinde para participarem da sua mala direta. Desta forma, poderá iniciar uma mala direta naquele idioma específico. Falaremos sobre isso mais em detalhes no próximo capítulo.

Eu tenho malas diretas separadas para cada idioma. Malas diretas separadas permitem que você envie comunicados de novos lançamentos e atualizações específicas no idioma, apenas para as edições pertinentes à língua em questão. Também facilita controlar os acessos, os cliques e outras medições de desempenho em cada língua.

9

MARKETING & PUBLICIDADE

O seu livro recém-publicado tem visibilidade nos primeiros dias e semanas após o lançamento, e depois? Em pouco tempo ele desaparece na obscuridade e se perde no mar de livros. O seu livro é substituído por cada novo lançamento até ser enterrado e ninguém mais procurá-lo.

Embora existam menos livros em mercados que não são de língua inglesa, também existem menos leitores. Você tem uma ótima capa e uma sinopse chamativa, mas isso não importa se ninguém conseguir encontrar o seu livro. O que você pode fazer para seu livro se destacar?

A boa notícia é que muitas das coisas que você faz com o seu livro no idioma original podem ser feitas em outros mercados. E como esses mercados são menos maduros do que o mercado de língua inglesa, há menos concorrência, não somente em sites de divulgação, mas também em licitações de anúncios. O seu custo por clique provavelmente será mais baixo no Facebook e em sites similares.

No entanto, porque há menos leitores, pode ser mais difícil alcançá-los. O número menor de leitores deve-se a diferenças permanentes e temporárias do mercado de língua inglesa. Primeiro, o número de leitores na maioria das outras línguas (essencialmente uma diferença permanente) e depois a adoção de livros digitais ou compras on-line (diferença temporária). Todavia, mercados que não são de língua inglesa estão prontos para amadurecer, então é somente uma questão de tempo até que fiquem mais competitivos. Por isso, é de extrema importância ser visível nesses mercados enquanto ainda é fácil.

Mas como ganhar visibilidade quando você não fala o idioma?

Tradutores como Marqueteiros

A escolha lógica seria pedir a alguém que fale o idioma. A primeira pessoa em quem penso é o tradutor, pois ele já está muito familiarizado e envolvido com o seu livro. De fato, a Babelcube sugere que o tradutor deve estar bastante envolvido no processo de promoção do livro. Aparentemente, faz sentido.

Por outro lado, é provável que o tradutor não tenha tanto conhecimento de publicidade e marketing como você, principalmente quando se trata de divulgar um livro. E como sabemos, a maioria das pessoas não gosta de divulgar. A menos que defina o que quer dizer por "marketing", mesmo um tradutor entusiasta estará relutante a aceitar isso.

Muitos tradutores também acham que já trabalharam muito, simplesmente por traduzirem a obra, e eu concordo. Você pode encontrar tradutores excelentes que não querem fazer nenhum marketing. Às vezes, eles se sentem desconfortáveis em escrever material de marketing para divulgação ou temem que você os peça para divulgar o livro traduzido de forma agressiva. Eles não querem escrever sobre o seu livro o dia todo.

Na verdade, não é o que espero deles de qualquer jeito. O que quero é preparar, eu mesma, o material de marketing para divulgação no meu idioma. Só preciso de ajuda para o "último passo", traduzir o material para a língua alvo. Encontrar blogs e sites promocionais também ajudaria, mas posso fazer isso e na maioria dos sites os contatos sabem inglês o suficiente para responder minhas perguntas. Conseguir essa ajuda do tradutor depende do que você pede e precisa ser o mais especifico possível.

Agora, eu sei que se eu fornecer o material de marketing para divulgação para ser traduzido ou fazer perguntas específicas que podem responder, a maioria dos tradutores ficarão felizes em ajudar. E se não ficarem, está tudo bem. Em primeiro lugar, você quer a melhor tradução possível para o seu livro. Eu prefiro ter isso a ter o melhor marqueteiro promovendo uma tradução medíocre. Mas se conseguir encontrar ambos, um tradutor talentoso e um marqueteiro natural na mesma pessoa, é um bônus.

Marketing é algo assustador para a maioria das pessoas. Mas quando você detalha os componentes, não é tão intimidador quanto parece. Conhecer as especificidades ajuda muito a atenuar o medo do desconhecido, então acredito que seja melhor para o autor fazer as partes que tem conhecimento e potencializar os talentos do tradutor para coisas como o conhecimento local e as exigências da língua.

Tento fazer o máximo possível do trabalho, para que tudo o que o tradutor precise fazer seja a tradução do material de marketing para divulgação, sinopse etc. e talvez me redirecionar caso eu esteja indo na direção errada. Sinto-me confiante em preparar o material de marketing para divulgação no meu idioma nativo e determinar onde e como divulgar. Eu tiro dúvidas com o tradutor para validação e, muitas vezes, recebo sugestões muito úteis.

Muitas vezes, eu apenas forneço o anúncio em inglês ao meu tradutor, com um pedido para traduzir uma dúzia de palavras no anúncio. Desta forma, também posso perceber a reação do tradutor, se a publicidade gráfica "traduz bem" para o mercado em questão, se a imagem e o apelo à ação (CTA – Call to Action) são chamativos o suficiente. Então eu incorporo o material de marketing para divulgação e pronto, tenho um anúncio traduzido que está finalizado para ser usado nos anúncios do Facebook e em outras promoções.

Eu compartilho meus objetivos promocionais com o tradutor e também preparo uma ficha informativa com o título do livro, a sinopse, gráficos e os links de compra. O tradutor quase não precisa fazer nada para compartilhar e promover o livro traduzido. Em geral, eu tento pedir ajuda ao tradutor somente em áreas onde eu não tenho conhecimento e confiança. Não há uma solução única, então adapte conforme necessário.

O ideal é que seja um esforço em conjunto, com o autor fornecendo o material de marketing para divulgação a ser traduzido e, o autor e o tradutor trabalhando juntos para encontrar sites promocionais. Acredito que sites promocionais sejam apenas uma forma temporária de descobrir livros, até as grandes plataformas de venda como a Amazon, Apple, Google Play e Kobo começarem a oferecer mais publicidade com pagamento por clique e oportunidades promocionais em seus sites, assim como estão fazendo no mercado de língua inglesa. Facilita, porque tudo o que você precisa é uma cópia traduzida, uma capa traduzida, palavras-chaves adequadas e está tudo pronto.

Sites de Promoção de Livros

Até as plataformas de venda começarem a oferecer mais vantagens, você precisa encontrar outras maneiras de ganhar visibilidade, como blogs e sites de divulgação de livros. É provável que o tradutor conheça alguns desses sites, mas se não conhecer, você terá que fornecer algumas orientações de como encontrá-los.

Você mesmo pode encontrá-los. Procure termos no idioma para coisas como "pechincha de livros digitais" ou frases similares para identificar alguns sites chaves. É aí que o Google Tradutor vem a calhar, pois você pode traduzir quase todos os sites para o seu idioma nativo e verificar se é adequado às suas necessidades promocionais.

Os anúncios do Facebook também podem ser eficazes e os mercados estrangeiros não estão tão saturados como o mercado de livros de língua inglesa. Com menos concorrência, o custo pode ser mais razoável. No entanto, a eficácia depende da popularidade da plataforma em si no idioma específico.

Por exemplo, eu coloquei um anúncio no Facebook para um novo lançamento em holandês e, apesar da popularidade dos meus livros, obtive uma resposta muito baixa. Eu sei que o livro é popular e a capa sensibiliza os leitores. Eu direcionei o anúncio à demografia que lê os meus livros. Também acredito que o Facebook seja popular no local. Ainda assim, não foi eficaz. O problema poderia ser o meu material de marketing ou o apelo à ação (CTA – Call to Action) ou talvez eu não direcionei para a demografia correta. É sempre mais difícil saber quando se trata de publicidade, mas é um pouco mais desafiador avaliar os resultados quando você está divulgando em uma língua estrangeira.

Os custos com marketing e publicidade realmente podem aumentar se você não tomar cuidado. Se estiver desenvolvendo anúncios para usar em sites como o Facebook, a melhor maneira é tentar algumas variações do anúncio e fazer alguns testes A/B para verificar quais funcionam melhor. Testes A/B é quando você lança dois anúncios quase idênticos ao mesmo tempo, normalmente só com uma ou poucas diferenças para que possa limitar o que funciona e o que não funciona. Aposte baixo no início e quando encontrar um anúncio que recebe o maior número de cliques, pare com todos os outros anúncios e gaste dinheiro no anúncio que faz sucesso. Isso vai ajudá-lo a economizar em longo prazo.

Não importa como você divulga, você pode rapidamente diminuir os lucros ou até mesmo se colocar em uma posição de perda, a menos que fique dentro do orçamento, revise e avalie cuidadosamente os resultados e modifique o que for necessário.

E como pode imaginar, é mais fácil ganhar dinheiro quando você tem mais de um livro sendo divulgado, porque se os leitores gostarem dos seus livros, você terá vendas sobre o estoque. Por esta razão, aconselho esperar até ter alguns livros prontos em um idioma específico antes de começar a divulgação.

A melhor propaganda ainda é a contracapa do livro. Capturar a atenção do leitor é mais fácil enquanto você os tem em seu ecossistema. Use uma estratégia para o apelo à ação (CTA – Call to Action) no final do seu livro, para que comprem o próximo livro ou para participarem de sua mala direta e receberam anúncios sobre novos lançamentos.

A contracapa do livro é igual ao mercado imobiliário de Manhattan, uma localização privilegiada para se comunicar com o seu leitor. Isto é ainda mais importante quando você não fala o idioma, porque sua habilidade de escrever no blog ou até mesmo comunicar em uma língua que não domina é limitada. Tudo o que precisa fazer é fornecer algo que não requer tradução: um link para o próximo livro. Eu sempre me certifico de que os meus links estão configurados para mostrar todos os meus livros com o idioma da tradução primeiro, para que o leitor não veja somente um bando de livros em inglês.

Esta é uma forma mais passiva de publicidade, mas provavelmente a mais eficaz. As pessoa que leram o seu livro até o final, com certeza gostaram, então, possivelmente, são leitores fiéis, os que comprarão seu próximo livro assim que for lançado. Eles também são os mais prováveis a recomendar seus livros aos amigos.

Um site ou muitos?

Assim como tudo, sempre há compensações entre a perfeição e a praticidade.

Eu tenho um site para todas as línguas do meu livro, com abas separadas para cada idioma. Outros autores usam uma página por livro, com cada edição estrangeira do título listada na mesma página. Embora pareça uma forma simples e arrumada de organizar os livros, provavelmente não é como um leitor procurará os seus livros. Mais importante, uma vez que o leitor me encontra, quero que ele veja e compre todos os livros que tenho em seu idioma. Por isso, recomendo uma seção do site para cada língua, com os títulos listados nela.

Alguns autores têm um site separado para cada idioma. Uma desvantagem óbvia é o nome dos domínios em inúmeros sites e as despesas adicionais. Também é mais trabalho. Outro aspecto negativo é que o tráfego do seu site será distribuído entre todos os sites, o que significa que você não classificará alto nos resultados de busca. Não sei ao certo quantas pessoas encontrarão o seu site e os seu livros através de uma busca orgânica, porém mais tráfego é sempre bom.

Redes Sociais

Provavelmente você já tem uma página de autor no Facebook, onde fornece atualizações e fala sobre novos lançamentos. Alguns autores criam páginas separadas no Facebook para cada língua. Isso é o ideal, digo, desde que tenha um assistente em cada idioma para gerenciar a página. Alguns autores de *best-sellers* fazem isso e a vantagem é uma página consistente e organizada que fala diretamente aos leitores naquele idioma.

Tudo na vida é uma troca, se estiver ganhando um milhão de dólares por ano, pode valer a pena dar os passos necessários para envolver-se ainda mais com os seus fãs.

Não se esqueça que uma página no Facebook, ao contrário do seu site, não é algo que você controle. As coisas podem mudar da noite para o dia e, muitas vezes mudam. Não recomendo gastar muito dinheiro administrando algo que pode desaparecer amanhã. É melhor dedicar-se aos leitores fiéis, fazendo com que se inscrevam em sua lista de e-mails, onde você pode controlar o conteúdo e o sistema de entrega.

A maioria dos meus tradutores ficam felizes em traduzir posts para blogs e boletins informativos sobre os livros que traduziram, porque os beneficia em longo prazo, quando o livro vende bem. Apenas certifique-se de não exagerar e pedir muito. Um boletim informativo com um novo lançamento é uma coisa, mas se você planeja ter comunicação mensal regular com os assinantes no idioma, deve pagar o tradutor pelo trabalho de tradução contínuo.

10

CONCLUSÃO

Inclui algumas listas de verificação úteis nos apêndices para que possa facilmente acessar sempre que for preciso. A maioria das dicas é senso comum, mas é fácil esquecê-las, porque há muitas coisas para se lembrar.

Os seus direitos intelectuais e como você ganha dinheiro com eles é importante, assim como a(s) pessoa(s) com quem você trabalha. Os mercados podem mudar e mudam, mas os princípios básicos dos mercados e como acessá-los não mudarão. Saber o que procurar é fundamental e acredito que forneci todas as ferramentas para isso.

Este livro foi escrito com a intenção de fornecer um panorama conciso das oportunidades de tradução hoje em dia, juntamente com conselhos práticos sobre como fazer escolhas conscientes. É um mercado em desenvolvimento, mas um que possui diversas oportunidades para autores empreendedores.

Espero ter convencido você a dar o primeiro passo em direção a levar seus livros para outras línguas e mercados ou pelo menos ter fornecido informações para pensar.

Se você gostou do livro, considere escrever uma pequena crítica literária. Adoro receber *feedback*, porque me ajuda a melhorar sempre e também adaptar meus livros às necessidades dos meus leitores. Sobretudo, quero compartilhar minha experiência com o maior número de autores possível. É um mundo pequeno com grandes oportunidades que podem ser suas, se quiser.

Sonhe Alto e Ótima Tradução!

11

APÊNDICE – LISTAS DE VERIFICAÇÃO

Apêndice – Listas de Verificação

A presento estas listas de verificação para facilitar a consulta. Sugiro começar com a primeira lista (escolher o mercado linguístico) e continuar seguindo a ordem.

Escolher Línguas e Mercados

Mercados ideais possuem um ou mais das seguintes características:

PE ou Preços Elevados – livros com preços elevados de venda

CE ou Crescimento Elevado – a leitura é generalizada e regular ou está crescendo em popularidade

CB ou Concorrência Baixa – há um número reduzido de livros para atender à demanda

MG ou Mercado Grande – um grande mercado potencial de leitores

Gênero – O gênero e o subgênero escolhidos estão entre os mais populares no idioma e mercado em questão.

Escolha do Acordo de Tarifas – Valor Fixo x Direitos Autorais

Valor Fixo

Vantagens

- Você detém os direitos da tradução. Está livre para distribuir para todos os canais de venda ou somente um, sem consultar o tradutor ou afetar seus rendimentos;
- Você continua a ter os direitos derivativos exclusivos para outros formatos, como audiolivros, brochuras ou outras coisas, como opções de filmes, para que possa explorar imediatamente esses direitos e ganhar mais dinheiro mais rápido;
- Flexibilidade de preços. Você pode optar por dar o primeiro livro de graça ou por um preço barato para fins de marketing, algo que seria injusto com o tradutor sob um contrato com participação nos direitos autorais;
- Elimina a necessidade de registros, necessários no caso de participação nos lucros dos direitos autorais;
- Diminui o risco de litígios judiciais, uma vez que o contrato termina quando a tradução é entregue;
- Pode ser a opção mais barata para você, se seu livro vender bem;
- Você terá sua tradução terminada rapidamente, pois o tradutor priorizará como trabalho "pago" em vez

de participação nos lucros com o prazo de pagamento longo e incerto.

DESVANTAGENS

- Você arca com o custo da tradução, que pode ser extremamente cara e aumentar se tiver muitos livros;
- Pode nunca recuperar seu investimento. Os preços dos livros podem baixar, os modelos de assinaturas podem mudar e a concorrência pode aumentar, impedindo que recupere seus gastos;
- Menos incentivo para um tradutor antiético fornecer um produto de qualidade, pois não há lucro em jogo quando o produto final é entregue. Talvez você não perceba que há problemas de editoração ou qualidade até que receba críticas literárias ruins;
- O tradutor pode não estar motivado em ajudá-lo com o marketing e a divulgação no mercado estrangeiro, uma vez que já recebeu tudo.

Acordo Participativo nos Direitos Autorais (Em uma plataforma de tradução terceirizada)

Vantagens

- A plataforma de tradução lida com o registro de dados, pagamentos e impostos;
- A plataforma de tradução pode interceder em seu nome caso ocorram questões contratuais, como atraso na entrega ou não cumprimento do trabalho;
- Contratos de prestação de serviço protegem seus direitos sobre sua propriedade intelectual;

- Quando a validade do contrato expirar, você recebe todos os rendimentos subsequentes sobre os direitos autorais e pode explorar seus direitos de propriedade intelectual;
- Muito econômico e de baixo risco.

Desvantagens

- A plataforma de tradução leva uma porcentagem da receita líquida, deixando menos dinheiro para dividir entre você e o tradutor;
- Você não pode explorar seus direitos subsidiários, como audiolivros baseados na tradução, até a validade do contrato expirar;
- Há um intermediário entre você e os livros publicados, limitando sua habilidade de estipular preços e categorias e usar programas de publicidade específicos para divulgar diretamente seus livros em algumas plataformas de venda.

Lista de Verificação Para a Avaliação do Tradutor

- Credenciamento profissional, como afiliação em uma associação de tradutores profissionais, por exemplo a Associação de Tradutores Americanos (ATA - *American Translators Association*). Dependendo do país, a associação pode ou não indicar que o tradutor passou em testes de proficiência. Entretanto, o credenciamento já indica que o tradutor é sério em seu trabalho e carreira;

- Instrução formal, como um bacharel ou mestrado em tradução. Lembre-se de verificar a nomenclatura equivalente ao curso em cada país. Às vezes, os nomes são diferentes, como filosofia na França;
- A língua nativa do tradutor é a língua alvo e o tradutor possui um nível de fluência na língua fonte equivalente a um grau universitário (no mínimo o nível de leitura exigida pelos seus livros);
- O perfil do tradutor na língua fonte está bem escrito, sem erros ortográficos ou gramaticais no perfil do site e em suas comunicações subsequentes;
- Credenciais profissionais comprovadas, como afiliação em associações de tradução, avaliações de clientes ou participação no Proz.com;
- Experiência prévia em tradução literária e boas críticas literárias on-line sobre as obras traduzidas;
- Avaliações de outros autores. Dica: leia nas entrelinhas;
- Menção da qualidade da tradução na avaliação de leitores. Eu rapidamente rejeito essas avaliações, porque uma boa tradução não deveria ser notada. O comentário da avaliação indica uma má tradução ou no caso de uma boa tradução, uma avaliação falsa;
- O tradutor está envolvido em muitos projetos (pode afetar a qualidade e o prazo);
- O interesse do tradutor no seu trabalho. Percebi que tradutores que só traduzem alguns gêneros específicos ou querem ler o seu livro antes de tomar uma decisão são os melhores tradutores. Eles somente aceitam projetos que lhes interessam e que acreditam que farão bem feito. Em minha opinião, isso demonstra profissionalismo;
- Local onde o tradutor reside. Se estiver longe do país de origem por muitos anos (onde o idioma é falado),

talvez não esteja atualizado em relação às expressões, gírias e jargões mais recentes. Talvez isto seja mais importante em um romance contemporâneo que em uma ficção histórica, então pondere conforme o caso;

- Amostras de traduções são importantes, mas com algumas ressalvas. Você pode encontrar um leitor para verificar se há erros gramaticais ou erros na tradução. Ter um amigo que fale a língua ajuda, mas se ele não lê muito no idioma ou no gênero literário, você não necessariamente saberá se está bem escrito ou não. Pode avaliar a tradução, mas nunca como critério único;
- Confie em seus instintos. Às vezes, as pessoas parecem ser ótimas nos perfis, mas sua intuição diz o contrário. Siga esse sentimento.

www.ingramcontent.com/pod-product-compliance
Lightning Source LLC
Chambersburg PA
CBHW021652120626
46545CB00002B/822